Georgios Zervas, Peter Spiegel

DIE 1-DOLLAR-REVOLUTION

GEORGIOS ZERVAS
PETER SPIEGEL

DIE 1-DOLLAR REVOLUTION

Globaler Mindestlohn
gegen Ausbeutung und Armut

PIPER
München Berlin Zürich

Mehr über unsere Autoren und Bücher:
www.piper.de

MIX
Papier aus verantwortungsvollen Quellen
FSC
www.fsc.org
FSC® C083411

ISBN 978-3-492-05779-0

Gesetzt aus der Swift
Satz: Kösel Media GmbH, Krugzell
Druck und Bindung: CPI books GmbH, Leck
Printed in Germany

»Wir stehen vor atemberaubenden Möglichkeiten, die als unlösbare Probleme verkleidet sind.«

John W. Gardner

Inhalt

Prolog

Die ungelösten Probleme der Welt kommen nun zu Fuß zu uns

Im Jahr 1990 begann die erste globale Revolution. Hunderttausende Afrikaner machten sich auf den Weg, um ihren wohl unabwendbaren Hungertod nach einer großen Dürre nicht still in Afrika zu sterben, sondern in Europa, unmittelbar vor unseren Augen. »Seht zu, wie wir sterben«, war die Botschaft, die die Organisatoren damals den Europäern mit ihrem »Verhungern Live« übermitteln wollten.

Damals war dies noch ein Film, der für eine globale TV-Kampagne gedreht wurde, für die Kampagne »One World«, die von mehr als einer Milliarde Menschen gesehen wurde. Der deutsche Kampagnentitel war »Eine Welt für alle«. Der Filmtitel: »Der Marsch«. Der unter anderem auch in der ARD zur besten Sendezeit gezeigte BBC-Film wurde als maßlose Übertreibung und verantwortungslose Schwarzmalerei kritisiert. 15 Jahre später, 2005, verweigerte das spanische Fernsehen die Wiederausstrahlung mit der Begründung, dieser Film sei »zu realistisch«. Und zehn weitere Jahre später, 2015, überholte die Realität das filmische Szenario bereits um Längen. Am Ende des Films setzten gerade einmal 40 000 Menschen nach Europa über. In der Realität waren es 2015 bereits mehr als eine Million Flüchtlinge, die nach Europa kamen.

Inzwischen dämmert es immer mehr Europäern: Die ungelösten Probleme der Welt kommen nun, im übertragenen wie im wörtlichen Sinn, zu Fuß zu uns. Wir können sie nicht mehr simpel »außen vor lassen«. Sie brechen sich, auf unterschiedlichsten Bahnen, den Weg zu uns. Die aktuellen Flüchtlingstrecks sind nur eine einzige von immer neuen Facetten einer globalrevolutionären Lage. Der sich ausbreitende globale Terrorweltbürgerkrieg ist eine andere Facette, der seine Todesspuren jetzt auch mitten in Europa hinterlässt. Weitere Völkerwanderungen aufgrund sich ausbreitender Zerstörungen von Ökosystemen und wachsender Folgen der Erdaufheizung zählen zu einer immer länger werdenden Liste von weiteren absehbaren Entwicklungen. Der Traum der Abschottung ist ausgeträumt. Die ungelösten Probleme der Welt, an deren Entstehung wir alles andere als wenig beteiligt waren, holen uns ein, schlicht und einfach, weil diese Probleme global sind, weil die Informationswege, die Wirtschaft, die Weltgesellschaft, weil alles global ist. Wegducken und Abschottung bedeuten heute eines: Die Wucht des Rückstoßes der ungelösten Weltprobleme nunmehr auch auf uns würde nur noch erheblich größer werden.

Daher gilt: Ohne Beseitigung der Fluchtursachen wird es keine Beendigung der Flüchtlingsströme geben. Ohne Beendigung der Erdaufheizung wird es kein Ende für deren eskalierende Folgen geben. Ohne endlich Ernst zu machen mit der Lösung der aufgestauten Flut globaler Probleme wird deren inzwischen sich von einem zum nächsten Thema fortsetzende Dammbruch Richtung Europa nicht mehr zu stoppen sein. Es ist alternativlos geworden, sich endlich in der notwendigen Dringlichkeit und Konsequenz der Lösung der Weltprobleme zu stellen. Dazu liefert dieses Buch konkrete, machbare und problemlösende Ideen – mit einem globalen Mindestlohn im Zentrum und etlichen damit verbundenen Vorschlägen.

In der gegenwärtigen Phase ist es wichtig zu verstehen, was da gerade abläuft und an welcher Stelle inmitten eines übergreifenden globalen Entwicklungsprozesses wir uns gerade befinden.

Der Club of Rome gab seinem im Jahr 1990 veröffentlichten zweiten großen Bericht den Titel »Die erste globale Revolution«. Dieser Begriff trifft den Kern des Prozesses. Alle bisherigen Phasen der sogenannten industriellen Revolution beschleunigten die Globalisierung aller menschlichen Gestaltungsoptionen in allen Lebensbereichen. Die digitale Revolution katapultierte diese Dynamik noch einmal in neue Dimensionen. Alle diese Revolutionen schufen in ihrem Ergebnis als neue Realität: *eine* Welt für *alle*, eine untrennbar miteinander vernetzte Lebenswelt einer Menschheit auf einer gemeinsamen Heimat namens Erde.

Diese in jedem denkbaren Wortsinne »globale Revolution« schafft die größten denkbaren Chancen, aber gleichzeitig – solange wir sie nicht verantwortungsvoll zu gestalten gelernt haben – die größten Herausforderungen und Gefahren. Auf die immensen Chancen der Globalisierung von Wissen, Information, Können, Erfahrung und allen technischen Hilfsmitteln für deren Vertiefung und Verbreitung kommen wir im Lauf dieses Buches ausführlich zu sprechen. Aber all diese Fortschritte nützen uns am Ende nichts, im Gegenteil, sie fügen uns sowie unseren Ökosystemen – den Grundvoraussetzungen für menschliches Leben auf diesem Planeten – irreversiblen Schaden zu, wenn wir es versäumen, die Ausweitungen der menschlichen Gestaltungspotenziale in eine globalsystemische Gesamtverantwortung einzubetten. Die Globalisierung menschlicher Möglichkeiten erzwingt unausweichlich die Globalisierung menschlicher Verantwortung.

Das Jahr 1972 markierte den Einstieg in eine Phase, in der die Menschheit sich der rasenden Globalisierung fundamentaler Bedrohungen ihrer Existenzgrundlagen bewusst wurde. Die Jahre 1990 bis 1992 markierten den Beginn der Phase, in der die Menschheit erkannte, dass sie sich eine global wirksame Gestaltungsfähigkeit für diese globalen Herausforderungen erarbeiten muss. Sie erkannte, dass davon schlicht ihre Überlebensfähigkeit abhängt. Sie organisierte globale Kampagnen wie »Eine Welt für alle« und nahm auch die entsprechenden globalen Verhandlungen auf der Ebene der Vereinten Nationen auf. Es sprechen starke Indizien dafür, dass das Jahr 2015 die entscheidende Phase dieser globalen Revolution markiert: die Phase, in der die Menschheit sich die so überfällige Gestaltungskraft samt der dafür erforderlichen konkreten Maßnahmen und Strukturen tatsächlich schafft. Große Meilensteine dieser Phase sind erreicht worden. Jetzt müssen wir sie festigen – mit einem globalen Mindestlohn.

Als der Club of Rome 1972 seinen ersten legendären Bericht, »Die Grenzen des Wachstums«, veröffentlichte, erwies sich dieser als Initialzündung für eine weltweite Umweltbewegung. Auf der Grundlage der Erkenntnis, dass die Belastbarkeit der Ökosysteme dieser Erde ihre Grenzen hat, nahm sich eine überall in der Welt aus dem Boden schießende Ökobewegung nichts Geringeres vor, als die Wende zu einer weltweiten Wirtschaftsweise der Nachhaltigkeit zu bewirken.

19 Jahre später erschien dann der schon erwähnte Bericht »Die erste globale Revolution«. Er machte deutlich: Umweltprobleme lassen sich nicht allein durch individuelles, lokales, regionales oder nationales Handeln lösen. Sie bedürfen auch und unumgänglich der Dimension globalen Handelns. Dieser Bericht blieb jedoch nicht bei den Umweltherausforderungen stehen, denn die technologischen Entwicklungen des 19. und 20. Jahrhunderts hatten bis dahin menschliches Agieren bereits in *jedem* Lebensfeld globalisiert. Plötzlich hatten nahezu *alle* Probleme eine globale Dimension. Schlimmer noch: Weil es für diese Probleme auf der globalen Ebene keine auch nur annähernd vergleichbar handlungsfähige Institution gab wie auf kommunaler bis nationaler Ebene, verbreiterte sich die Kluft zwischen globalem Handlungsbedarf und globaler Handlungsrealität immer weiter. Eine Studie in den 1990er-Jahren, die im Kontext eines großen Forschungsprojekts für die Vereinten Nationen erstellt wurde, listete bereits mehr als 10 000 Probleme auf, die nur noch lösbar waren unter Einschluss von global verbindlichen Lösungsstrategien und damit von global wirksamem Handeln.

Ein Jahr nach der Veröffentlichung von »Die erste globale Revolution« fand in Rio de Janeiro die erste »Weltkonferenz für Umwelt und Entwicklung« der Vereinten

Nationen statt. Diese Konferenz formulierte eine überaus komplexe und ambitionierte Agenda, derer sich die Menschheit in den folgenden Jahren und Jahrzehnten annehmen müsse, wenn sie nicht die gesamte menschliche Zivilisation an die Wand fahren wolle. Es folgten serienweise themenbezogene Weltkonferenzen, die bekannteste davon die Weltklimakonferenz. Allein für das Thema Klimawandel fanden bis 2015 nicht weniger als 21 Weltkonferenzen statt.

Die ersten 24 Jahre seit der Verkündung der ersten globalen Revolution waren gekennzeichnet von immer stärkeren und kreativeren Anstrengungen einer immer größer und einflussreicher werdenden globalen Zivilgesellschaft. Sie machte sich mit großer Ernsthaftigkeit auf, die aufgestauten globalen Herausforderungen zu lösen. Dieses knappe Vierteljahrhundert war jedoch auch gekennzeichnet von einem erschreckenden Schneckentempo der politischen Entscheider und einer Wirtschaft, die sich, von Ausnahmen abgesehen, in der Summe ebenfalls viel zu langsam und viel zu wenig bewegte. Dadurch metastasierten nahezu alle globalen Probleme ungebremst weiter.

Doch das Jahr 2015 markiert wohl durch zwei Entwicklungen eine entscheidende Wende. Zum einen spürten die westlichen Länder, dass die ungelösten globalen Probleme jetzt auch sie tangieren, und zwar nicht mehr nur marginal, temporär oder schleichend, sondern unmittelbar, fundamental und Angst einflößend. Die Rekordmarke von 60 Millionen Flüchtlingen weltweit im Jahr 2015, von denen so viele wie nie zuvor mitten ins Zentrum Europas kamen, ist nur ein Beispiel für viele.

Zum anderen gelangte, durch diese bedrohliche Entwicklung eher sogar verstärkt, ein ganz anderer Prozess zu Durchbrüchen, an die viele gar nicht mehr geglaubt haben: Sowohl die »Global Goals« als auch der Weltklimavertrag wurden im September beziehungsweise im Dezember 2015 von der Weltgemeinschaft einstimmig verabschiedet. Die Global Goals schreiben als Fortführung der »Millennium Goals«, die auch als »Sustainable Development Goals« bekannt wurden, Ziele fest. Dabei handelt es sich um die umfassendsten, mutigsten und konkretesten globalen Ziele, die jemals von der Weltgemeinschaft verabschiedet wurden, beispielsweise die vollständige und endgültige Beseitigung der absoluten Armut und des Hungers in der Welt bis zum Jahr 2030. Der Weltklimavertrag fixiert eine Roadmap zum Stopp des Klimawandels, die selbst über die optimistischsten Erwartungen hinausgeht. Die Weltgemeinschaft einigte sich tatsächlich auf die so lange vermissten Agenden für die Gestaltung ihrer eigenen Zukunftsfähigkeit. Genau an diesem Momentum der Weltgeschichte ist es entscheidend, nun die umsetzungsstärksten Hebel für das tatsächliche *Erreichen* dieser gemeinsamen Agenda zu diskutieren.

Als wir das Konzept für die Etablierung eines globalen Mindestlohns mit der Untergrenze von 1 Dollar pro Stunde entwickelten, war noch offen, ob es zu einer Verabschiedung ernst zu nehmender Global Goals kommen und ob es überhaupt je einen Weltklimavertrag geben würde. Uns war lediglich klar, dass wenn die Weltgemeinschaft ihre Probleme endlich ernsthaft anpacken will, ein Schritt zwingend ist: endlich Schluss zu machen mit den massenhaften Sklavenlöhnen, die Hauptursache keineswegs nur für Armut und Hunger, sondern für ein sehr großes Bündel sehr vieler weiterer fundamentaler Weltprobleme sind. Ein globaler Mindestlohn wäre nach unserer Überzeugung der wirkungsvollste Hebel für das Erreichen der Global Goals und für die Überwindung sehr vieler weiterer systemisch miteinander verknüpfter Weltprobleme.

Ist dieses Ziel unrealistisch? Es ist genauso realistisch oder unrealistisch wie jedes andere kühne Ziel, das bisher von Menschengehirnen erdacht, gefordert, vorangetrieben und so verblüffend oft umgesetzt wurde. Wir müssen uns klarmachen: *Jede* bedeutende Entdeckung, *jede* bedeutende Erfindung, *jede* bedeutende Innovation, *jedes* gesellschaftspolitische Ziel war zu ihrer beziehungsweise seiner Geburtsstunde eine verrückte Idee, also weit außerhalb der bis dahin bekannten und vertrauten Realität. In Bezug auf technische Visionen halten wir inzwischen fast alles für möglich, was wenige Generationen vor uns noch als absurde Fantasterei abgetan hätten. Ein Werbespruch von Toyota in den 1990er-Jahren brachte dieses Phänomen geradezu philosophisch auf den Punkt: »Alles Mögliche war einmal unmöglich.«

Würde man die Wohlstandsfaktoren von Einkommen über Gesundheit, Lebensdauer, Mobilität und Bildung bis Kommunikationsmöglichkeiten gebündelt und additiv in einer Kurve erfassen, so hätte sich der Wohlstand auf dieser Welt in den vergangenen rund 200 Jahren um etwa den Faktor 100 erhöht. Es reicht also spielend für ein würdevolles Leben für jeden Bürger dieser Erde. Mit einem globalen Mindestlohn bringen wir jedoch etwas völlig anderes in Gang als ein globales Alimentierungssystem: Wir setzen die kreativen Entwicklungspotenziale eines Großteils der Menschheit frei! Diese können und werden dann kreativ mitwirken an einem nachhaltigen, friedlichen und umfassenden Wohlergehen der gesamten Menschheit.

Einleitung

Warum sich komplexe Probleme nur durch einfache Konzepte wirklich lösen lassen

Vorbemerkung: Wer in erster Linie auf die inhaltlichen Botschaften, Erkenntnisse, Schlussfolgerungen und Empfehlungen dieses Buches neugierig ist, kann diese Einleitung überspringen und gegebenenfalls zu einem späteren Zeitpunkt seiner Lektüre darauf zurückgreifen. Hier werden Erkenntnisse aus der systemischen Evolutionsforschung dargelegt, die begründen, weshalb dieses Buch ganz bewusst einen im Kern sehr einfachen Gedanken und Vorschlag zur Lösung eines Bündels zentraler gegenwärtiger Herausforderungen ins Zentrum rückt. Der Grund ist keine Willkür oder Oberflächlichkeit, sondern angewandtes systemisches Denken in Bezug auf die Identifikation eines Schlüsselgedankens, der uns auf eine neue Ebene der Zukunftsgestaltung führen kann.

Wir sollten uns die Frage stellen, warum so viele der Probleme, die uns in den gesellschaftlichen und politischen Auseinandersetzungen begegnen, in Endlosschleifen zu hängen scheinen. Warum ist die Klimadebatte solch ein Wiedergänger, die Flüchtlingsdebatte, die Debatte um die Finanzsysteme, um fairen Handel oder um die Wirksamkeit ökologischer und sozialer Labels? Warum ist das so? Liegt dies in der Natur der Sache oder machen wir irgendwo einen Fehler im Umgang mit vielen unserer Probleme, vielleicht einen derart kardinalen Fehler, dass dieser die eigentliche Ursache der scheinbar unendlichen Geschichte unlösbarer Probleme ist?

Auch komplexe Probleme sind lösbar, selbst globale. Im Jahr 1974 warnten Wissenschaftler erstmals vor schädlichen Einflüssen von Fluorchlorkohlenwasserstoffen, abgekürzt FCKW, auf unsere Umwelt. Als 1985 ein Zusammenhang zwischen dem FCKW-Ausstoß und dem Abbau der Ozonschicht in der Stratosphäre unserer Erde festgestellt wurde, einigte man sich erstaunlich schnell. Im Montrealer Protokoll vom 16. September 1987 verpflichteten sich viele Staaten auf eine drastische Reduktion der Herstellung von FCKW. Am 29. Juni 1990 beschloss die Internationale Konferenz zum Schutz der Ozonschicht in London, die Herstellung und Anwendung von CFK und FCKW ab dem Jahr 2000 zu verbieten.

Die Problemlage bei FCKW war in nahezu allen Punkten nicht anders als bei all den anderen Herausforderungen, die in Endlosschleifen rotieren. Das FCKW-Problem war »komplex«, was nahezu immer als Universalproblematik von vermeintlich kaum lösbaren Problemen angeführt wird. Es war neben vielen anderen Komplexitätsmerkmalen vor allem deshalb »komplex«, weil »global«. Bei anderen Problemen sorgen die grundsätzlich immer sehr weit auseinanderliegenden Interessenlagen der höchst unterschiedlichen Länder der Weltgemeinschaft chronisch für Dauerverhandlungen und, wenn es zu Ergebnissen kommt, ebenso chronisch für Kompromisse, die weit außerhalb einer sachlich notwendigen Wirksamkeit liegen.

Im Falle der FCKW-Herausforderung gab es einen Tipping Point, einen Umkipp-Punkt beziehungsweise »qualitativen Umschlagspunkt«, wie die Wissenschaftler Phänomene nennen, die den normalerweise zu erwartenden Entwicklungen plötzlich eine gänzlich andere Richtung geben. Der Tipping Point war vermutlich die Meldung, dass in Australien, wo die Ozonschicht bereits am stärksten geschädigt war, die Zahl der Hautkrebserkankungen rapide angestiegen war. Bilder von sonnenbadenden australischen Bürgern, die bereits erkennbar an Hautkrebs erkrankt waren oder sich nur noch in Badegewändern an den Strand wagten, die den ganzen Körper bedeckten, gingen um die Welt und pflanzten schlagartig in alle unsere Köpfe ein sehr persönliches Horrorszenario. Vor diesem Hintergrund erwarteten nahezu alle Bürger der Welt von ihren Politikern rasches und wirksames Handeln. Alle »normalen« lobbyistischen, politischen, wirtschaftlichen oder sonstigen Bremsmechanismen waren durch diesen Erwartungsdruck außer Kraft gesetzt.

Was hindert uns, bei den so vielen anderen, nicht minderen oder gar noch viel größeren Bedrohungen ähnlich schnell zu problemanpackendem und problemlösendem Handeln zu kommen? Brauchen wir für diese nur ähnlich »starke Bilder« wie beim FCKW, um Tipping Points zu setzen? Genau das haben die weltweite Umweltbewegung wie auch alle anderen globalen Bewegungen zu akuten Bedrohungen versucht. Der Effekt der Bilder reduzierte sich jedoch in dem Maße, wie ihr Einsatz und ihre dramatisierende Zuspitzung zunahmen, sprich: Die Macht der Bilder nutzt sich mit der Zeit ab. Der Effekt wirkt gelegentlich noch, aber in vielen Fällen nicht mehr. Sein vorletzter großer Erfolg waren die Bilder von Fukushima. In Deutschland bewirkten sie eine Kehrtwende in der Frage des Atomausstiegs. Allerdings war Deutschland das einzige Land, das derart radikal auf die Bilder reagierte, die in allen Ländern der Welt in analoger Intensität über die Bildschirme liefen. Die jüngsten »Tipping-Point-Bilder« sind jene aus Lampedusa, Lesbos, Budapest, München, Leipzig, Berlin und vielen weiteren europäischen Orten. Hier entscheidet sich noch, wie klug wir mit ihnen umgehen.

Die gute Nachricht lautet: Die Welt der Tipping Points reduziert sich nicht auf Bilder oder Horrorszenarien. Vor allem wirken auch überzeugende Vorteile als Tipping Points. Ein Beispiel aus der Wirtschaft: Digitalkameras lösten Analogkameras weltweit innerhalb von nur drei Jahren ab. Vor allem durch ihre Kombination mit Mobiltelefonen, also den »Einbau« des Fotografierens in ein schon etabliertes, alltäglich begleitendes technisches Werkzeug, wurde der Vorteil von Digitalkameras gegenüber analogen auch ohne große Kampagnen für alle evident und wirkte entsprechend.

Gibt es ähnlich überzeugende Vorteile und damit ähnlich wirksame Tipping Points bei wichtigen Problemen wie der Beseitigung des Ozonlochs? Ja, die gibt es. Sie sind der eigentliche Kern dieses Buches. Sie werden insbesondere in zwei zentralen Themenfeldern exemplarisch ausgebreitet: den miteinander auf das Engste verwobenen Großproblemen systembedrohender Umweltschädigungen und der ungebrochen schreienden Armut von mehr als zwei Milliarden Menschen. Diese Problemlagen haben die vielleicht größten und nachhaltigsten Auswirkungen auf fast alle anderen Problemlagen von Flucht bis Frieden, von demografischem Wandel bis Energiewende. Doch bevor wir auf die Ebene dieses zentralen Anwendungsbeispiels kommen, seien noch einige Grunderkenntnisse vorangestellt, was die Lösbarkeit von komplexen Problemen betrifft.

Die Systemwissenschaft, die sich mit den Grundlagen der Entwicklung und Veränderung von *allen* Systemen – von natürlichen bis zu sozialen und menschlichen, von Mikrosystemen bis zum System unseres Universums – befasst, entdeckte folgendes universal gültige Gesetz:

Evolution erfolgt auf allen Ebenen – von der Entwicklung der ersten Mikroorganismen bis zu der eines so hochkomplexen Sozialsystems wie der Menschheit – durch ein Zusammenspiel von *Differenzierung* und *Integration*. Am Anfang jeder Evolutionsstufe steht eine Ausdifferenzierung ihrer Möglichkeiten. Ist ein gewisses Maß an Ausdifferenzierung erreicht, vollführt die Entwicklung einen *Evolutionssprung* zu einer neuen Ebene. Das zentrale »Organ« der neuen Ebene erfüllt vorrangig integrative Leistungen. Es koordiniert die Potenziale der darunterliegenden Stufen zu neuen Möglichkeiten. Die bereits zuvor entwickelten Organe werden in ihren Einsatzmöglichkeiten erheblich erweitert. Die Einsatzmöglichkeiten von Händen und Füßen sind nicht dieselben, ob diese instinktgeleitet sind oder durch ein intelligentes menschliches Gehirn gesteuert werden. Das menschliche Gehirn erhöht durch seine integrativen Steuerungsfähigkeiten gleichzeitig die Vielfalt der Einsatzmöglichkeiten all jener Werkzeuge, die prinzipiell auch einem Tier zur Verfügung stehen. Die *Qualität der integrativen Organe* (zum Beispiel Gehirn) erhöht die *Qualität und die Handlungsmöglichkeiten der Differenzierungsorgane* (etwa Hände). Evolution ohne integrative Sprünge ist nicht denkbar. Am Ende, sozusagen an der Grenze einer Ausdifferenzierungsphase, geraten Systeme in chaotische, instabile Zustände, die nur auf eine Weise einen Ausweg finden können: durch den Sprung zu einer neuen integrativen Qualität.

Beim Menschen schließlich waren die Voraussetzungen für einen neuen Evolutionssprung gegeben durch die Herausbildung der bisher wichtigsten Kulturleistung: der Sprache. Sie gestattet uns, Erfahrungen mit anderen auszutauschen. So können wir nicht nur aus eigenen Erfahrungen lernen, sondern ebenso aus Erfahrungen anderer. Auch in dieser Phase gab es jeweils weiter beschleunigende Entwicklungssprünge, beispielsweise durch die Erfindung der Schrift, des Buchdrucks, der Telegrafie, der Telefonie, des Internets. Heute sind wir an dem Punkt angelangt, dass die Menschheit in ihrer Gesamtheit zu einem einzigen, wechselseitig vernetzten Informationsprozessor wird, zu einer Art Weltgehirn. Wir stehen nunmehr mitten in dem Prozess der Ausgestaltung dieser neuen Ebene der Evolution, in der die gesamtmenschheitliche Vernetzung und die Kooperation aller menschlichen Leistungen dank der modernen Informations- und Kommunikationstechnologie stattfindet.

An jeder dieser Schwellen zu einer neuen Systemebene und zu einer neuen Welt von bis dahin unvorstellbar neuen Entwicklungsmöglichkeiten stand ein im Kern einfacher Schritt oder genauer: ein Schritt der Vereinfachung, und zwar der Vereinfachung des Informationsaustauschs und der Kommunikation. Wenn wir uns die Bedeutung von vereinfachenden Lösungen für evolutionäre Sprünge vergegenwärtigen möchten, müssen wir uns nur die Schwelle in das digitale Zeitalter ansehen: Die Mathematik schien mit der Einführung der arabischen Ziffern von 0 bis 9 bereits am Optimum ihrer Leistungsfähigkeit angelangt. Dann dachte Gottfried Wilhelm Leibnitz 1679 als erster Mensch darüber nach, ob nicht ein binäres Zahlensystem viel besser sein könnte. Es dauerte noch knapp 300 Jahre, bis seine Überlegungen zur praktischen Anwendung kamen. Das Ergebnis kennen wir als den Einstieg in das digitale Zeitalter.

Aus diesen Ausführungen können wir Folgendes lernen: Der Interessanteste aller Tipping Points ist die *Komplexitätsreduzierung durch den Wechsel in ein neues System*, das vereinfachten Informationsaustausch schafft und damit eine neue Handlungsfähigkeit für eine neue Qualität an menschlicher kreativer und komplexer Schöpfungskraft.

Wenn wir uns mit einem bis dato entwickelten System – beispielsweise unserem Rechtssystem – in ein Ausmaß an Komplexität verirrt haben, das von immer weniger Menschen »beherrscht« wird, entsteht nicht mehr Recht, sondern mehr Spielraum für dessen Manipulationen aufgrund immer exklusiveren Herrschaftswissens über die versteckten »Gestaltungsräume« im Gesetzesdschungel. Sind schon immer mehr nationale Rechtsthemen so komplex, dass selbst die gesetzgebenden Instanzen kaum mehr durchblicken, mutierten Recht und Verordnungen und steuerliche Regelungen und vieles mehr im internationalen Raum längst zu Feldern, die zu Herrschaftsgebieten von Superexperten wurden jenseits echter öffentlicher und demokratischer Kontrollmöglichkeit.

Überkomplexe Systeme führen zwangsläufig irgendwann zu immer mehr und immer gefährlicheren Fehlfunktionen. Wir sollten also aufhören, für jedes neue Problem immer nur in Richtung von noch komplexeren Lösungen innerhalb eines ohnehin schon höchst komplexen Systems zu denken. Wir sollten uns öffnen für ein Nachdenken über systemische Lösungen, die unsere Systeme verständlicher machen, transparenter, demokratischer, überzeugender, gestaltbarer, entwicklungsfördernder, nachhaltiger und handlungskräftiger.

Dieses Buch setzt auf bewusst einfache Lösungskonzepte, auf Lösungskonzepte, die das Potenzial in sich tragen zu systemischen Sprüngen auf neue Ebenen menschlicher und menschheitlicher Gestaltungsfähigkeit. Der wichtigste Vorschlag mit dieser Qualität eines systemischen Sprungs zu völlig neuartiger Lösungsmacht ist der eines globalen Mindestlohns von 1 Dollar netto als globale und wettbewerbsneutrale Lohnuntergrenze. Dieser Vorschlag verfolgt kein geringeres Ziel als die Überwindung der modernen Sklaverei und damit eng verbundener Folgeprobleme wie das Drama massenhafter weltweiter Flüchtlingsströme.

1 Die 1-Dollar-Revolution

Warum ein globaler Mindestlohn so viel neue menschliche und wirtschaftliche Dynamik freisetzen wird

Jede menschliche Gemeinschaft, das wusste schon der alte Platon, braucht zur Überwindung des *Barbarentums*, wie er es trefflich nannte, *politeia* – das heißt: möglichst demokratisch organisierte staatliche Handlungsmacht – und *phronesis* – was bedeutet: eine auf Werten und Charaktertugenden basierende Lebensklugheit beziehungsweise moralische Integrität. Moralische Integrität gibt es heute nicht mehr, wenn nicht endlich gemeinschaftlich die Beseitigung der milliardenfachen modernen Sklaverei in der Form lebenslänglicher, absolut menschenunwürdiger Sklavenlöhne angepackt wird. Eine »Politeia«, die diesen Namen auch für das Zeitalter der Globalisierung verdienen möchte, muss die konsequente Abschaffung der modernen Sklaverei an die Spitze ihrer Agenda setzen. Das Wesen von »Phronesis« und »Politeia« brachte Platon kurz und bündig und zeitunabhängig auf den Punkt: »Indem wir das Wohl anderer erstreben, fördern wir unser eigenes.« Die »anderen« sind im Zeitalter der Globalisierung *alle* Menschen der *einen* Welt.

Wie können wir jenen Teil der Weltbevölkerung, der von weniger als 2 Dollar pro Tag leben muss, aus der Armutsfalle herausführen? Jedem ernsthaft denkenden Menschen ist klar, dass die Lösung *jedes* großen Menschheitsproblems untrennbar mit der Beantwortung dieser Frage verknüpft ist.

Das Flüchtlingsproblem wird keine Lösung finden ohne Lebensperspektive für die untere Hälfte der Menschheit. Frieden wird es keinen geben ohne faire Lebensperspektiven für die bisher abgehängte Menschheitshälfte. Die globalen Umweltprobleme werden keine Lösung finden ohne eine nachhaltige Lebensperspektive für jene, die zum schieren Überleben nicht vor der Nutzung selbst der letzten Ackerkrume haltmachen können. Dies machte Klaus Töpfer als damaliger Leiter der Umweltorganisation der Vereinten Nationen in einer Neujahrsansprache schon vor vielen Jahren der Weltöffentlichkeit klar. Der notwendige Effekt zum Ausstieg aus dem Teufelskreis der Armut kann nur über Wege erzielt werden, die zur Überwindung der massenhaft unmenschlichen Löhne am unteren Ende der weltgesellschaftlichen Pyramide führen. Die Ergebnisse der bisherigen Anstrengungen, gleich vor welchem theoretischen oder ideologischen Hintergrund sie entwickelt und vertreten wurden, sind ernüchternd. Um es noch deutlicher zu sagen: Sie sind bestürzend und beschämend für eine Welt, die so reich ist, wie sie ist.

Daher machte sich eine ständig wachsende Zahl verantwortungsbewusster Bürger in aller Welt auf den Weg, eigene Strategien für aussichtsreiche Lösungen zu entwickeln. Greifen wir eine beispielhaft heraus: die Strategie, mit ethischem Konsum für die schrittweise

Durchsetzung ökologischer und sozialer Standards zu sorgen.

Nichts ist falsch an dieser Strategie. Es ist richtig und zwingend notwendig, ökologische und soziale Standards zu definieren und durchsetzen zu wollen. Es ist richtig und wichtig, das öffentliche Bewusstsein für ein verantwortungsvolleres Wirtschaften und einen verantwortungsvolleren Konsum zu schärfen. Es ist richtig und wichtig, dies über reale Veränderungen in der globalen Wertschöpfungskette anzugehen. Und dies gilt in gleicher Weise für viele weitere Aspekte des Konzepts des ethischen Konsums. Woran es mangelt, ist eine ausreichende Durchschlagskraft dieses Ansatzes.

Zwar hat die grundsätzliche Bereitschaft zu ethischem Konsum nach einer Trendstudie der Otto Group aus dem Jahr 2013 inzwischen 56 Prozent der Bevölkerung erfasst. Doch nur etwa zehn Prozent leiten daraus ein entsprechendes Kaufverhalten ab, und auch dies nur für einen eher kleinen Teil der Produkte, die sie kaufen. Es gilt die Regel: Je näher ein Produkt mit meinem Körper zu tun hat, desto eher bin ich bereit, auf seine ökologischen und sozialen Standards zu achten. Als, um das Beispiel FCKW noch einmal aufzugreifen, 1985 ein Zusammenhang zwischen dem Ausstoß von FCKW und dem Abbau der Ozonschicht in der Stratosphäre unserer Erde festgestellt wurde und die ersten Bilder von Hautkrebs, verursacht durch eine zu dünn gewordene Ozonschicht über Australien, um die Welt gingen, war klar, dass Wirtschaft und Politik sehr schnell handeln mussten. Und sie handelten schnell und wirkungsvoll. Seit dem Jahr 2000 sind die Herstellung und die Anwendung von CFK und FCKW komplett verboten. In den meisten

Fällen, in denen der direkte Schaden für die Konsumenten nicht derart evident ist, sind jedoch die Reaktionszeit und die Reaktionsbereitschaft sowohl der Konsumenten als auch der Politik wesentlich langsamer und schwächer.

In manchen Produktmärkten erreicht der ethische Konsum durch größere persönliche Betroffenheit – wie im Fall von FCKW-haltigen Produkten – mehr als zehn Prozent. Insgesamt dürfte er jedoch eher noch immer unter einem Prozent des gesamten Konsumvolumens in Europa liegen – und dies nach 25 Jahren zahlloser Kampagnen für ethischen Konsum. Und selbst für Produkte, die Öko- oder Soziallabels tragen, gilt nach wie vor, dass der Missbrauch und die Unübersichtlichkeit groß sind. Claudia Langer, die Gründerin der größten Onlineplattform für ethischen Konsum im deutschsprachigen Raum – utopia.de –, resigniert ein gutes Stück ob dieser Ergebnisse ihres langen und energischen Engagements und meinte in einem *Spiegel*-Beitrag im April 2015: »Meine Utopie war, dass man über den Druck des Verbrauchers auf die Unternehmen und den Druck der Unternehmen auf die Politik die Welt verändern könnte. Aber solange nicht eine kritische Masse von Konsumenten ihre Macht einsetzt, werden wir die Zukunft unserer Kinder nicht zum Positiven wenden.« Claudia Langer gibt ihre Hoffnung auf die Wirkung ethischen Konsums nicht auf, setzt heute aber sehr viel mehr auf politische Strategien.

Das Argument mangelhafter Durchschlagskraft gilt leider in gleicher Weise für alle anderen bisherigen Ansätze zur Überwindung unmenschlicher Lebensbedingungen und nichtnachhaltiger Produktions- sowie Lebensweisen.

Aus jahrzehntelangen und sehr aufwendigen Anstrengungen im Kontext der Organisationen der Vereinten Nationen und anderer internationaler Einrichtungen gingen fraglos beispielhafte Dokumente hervor, in denen die richtigen Standards und die richtigen Ziele ausgezeichnet auf den Punkt gebracht wurden. Für unser Thema sind dies insbesondere die Sozialstandards, die im Social Accountability Standard SA8000 definiert sind. Dennoch gilt leider: Auch deren reale Durchschlagskraft ist weitaus zu gering und zu langsam, als dass sie uns in nur annähernd vertretbaren Zeiträumen und vertretbarem Ausmaß von dem Kardinalproblem sklavenhafter Löhne befreien könnten. Das Hauptproblem des SA8000 ist, dass der Mindestlohn zwar angesprochen, aber nicht mit konkreten Zahlen fixiert ist. Es fehlt ein global festgelegter Mindestlohn als absolute Untergrenze.

Die Herstellung einer ausreichenden globalen Handlungsfähigkeit bei der Umsetzung weltweiter Standards und Strategien ist ein Schlüsselproblem, dem sich die Menschheit dringend stellen muss. Diesem Thema widmen wir uns daher auch in späteren Kapiteln dieses Buches. Nur ist absehbar, dass diese Baustelle nicht allzu schnell aufgelöst werden kann. Bis dahin brauchen wir in jedem Fall zusätzlich andere Strategien, die in wesentlich kürzerer Zeit eine große Wirkungsmacht entfalten können.

Wenn wir in diesem Sinne ausreichend starke Wirkungen erzielen wollen, bedarf es Ansätze mit offensichtlich starker ökonomischer und sozialer Hebelwirkung. Im Zentrum dieses Buches steht ein Hebel, der beim *Einkommen* ansetzt und mit einer Schlüsselmaßnahme weltweit alle ausbeuterischen Löhne beseitigt. Wir schlagen ergänzende weitere Hebel vor, die bei der *Infrastruktur* ansetzen und auf diesem Wege den Teufelskreis der Armut noch schneller durchbrechen, aber entscheidend ist die Einführung eines globalen Mindestlohns.

In den folgenden Kapiteln werden die Effekte dieser Maßnahmen nicht nur auf die Lebensbedingungen der Ärmsten der Welt beschrieben, sondern auf die grundlegenden Rahmenbedingungen der Menschheit insgesamt. Wir werden aufzeigen, wie sich die vorgeschlagenen Maßnahmen auf die Entwicklung in allen Schlüsselthemenfeldern von Frieden über Migration bis Bildung und Umwelt für *alle* Menschen der ohnehin immer mehr unteilbaren Menschheit auswirken werden. Sie werden nach unserer Einschätzung nichts weniger bewirken als ein globales öko-soziales Weltwirtschaftswunder.

Globaler Mindestlohn mit weltweiter Untergrenze von 1 Dollar pro Stunde

Der größte und unmittelbarste Effekt zu einer Form globaler Marktwirtschaft, die das Zusatzprädikat »sozial« verdienen würde, kann durch eine global installierte Lohnuntergrenze erzielt werden. Wir schlagen hierfür eine Größenordnung vor, die einerseits die schlimmsten Formen ausbeuterischer Entlohnungen mit einem Schritt weltweit beseitigen würde und andererseits von der Weltökonomie nach unserer Überzeugung problemlos getragen werden könnte.

Unsere Forderung lautet: Einführung eines weltweit durchzusetzenden Mindestlohns von 1 Dollar pro Stunde als *Untergrenze*. Und: Einführung eines solchen globalen Mindestlohns als Menschenrecht.

Um es klarzustellen: Diese Lohnuntergrenze von 1 Dollar ist *netto*, also zuzüglich der staatlich festgelegten Abgaben und Steuern, und sie darf nirgendwo unterschritten werden. Eine global gültige Untergrenze ist ein absolutes Muss, wenn wir die »Sklaverei durch die Hintertür« nicht länger zulassen wollen und vor allem: wenn wir auch nur eines der globalen Probleme wirklich ernsthaft lösen möchten.

Mindestlöhne sind keine Neuerfindung. Selbst in der Europäischen Union existieren inzwischen in nahezu allen Ländern Mindestlöhne, da es auch in dieser »Komfortzone« der Weltgesellschaft handfeste und offensichtlich zwingende Gründe dafür gibt. Das Spektrum reicht hier – von Euro in US-Dollar umgerechnet – von etwa 1,20 Dollar in Bulgarien über 9,00 in Deutschland bis knapp 12,00 in Luxemburg.

Selbstverständlich kann es nicht darum gehen, überall in der Welt einen gleich hohen Mindestlohn einzuführen. Die Mindestlöhne müssen in unterschiedlich wohlhabenden Ländern den unterschiedlichen Lebensbedingungen und -möglichkeiten angepasst sein. Die Industrieländer haben dies bereits für sich entsprechend vollzogen. In Entwicklungs- und Schwellenländern, in denen es einen Mindestlohn gibt, ist dieser jedoch so niedrig und so leicht umgehbar, dass eine global gültige und durchgesetzte Lohnuntergrenze überfällig ist. Die Lohnuntergrenze von 1 Dollar bedarf nach ihrer Einführung einer jährlichen Anpassung an die Entwicklung der relevanten Parameter, zum Beispiel das Weltwirtschaftswachstum.

Selbstverständlich muss dafür Sorge getragen werden, dass dieser Mindestlohn nicht umgangen werden kann. In vielen Ländern, selbst innerhalb der EU, sind die Richtlinien bezüglich des Mindestlohns allerdings so »weich« formuliert, dass die faktischen Minimallöhne durch Umgehungen wie unbezahlte Mehrarbeit teilweise gerade bei der Hälfte der offiziellen Mindestlöhne liegen.

Die massivste Umgehung von Mindestlöhnen findet überall dort statt, wo diese nicht auf »pro Stunde« geleisteter Arbeit bezogen sind. In Bangladesch wurde nach einer Katastrophenserie in Textilwerken Ende 2013 ein Mindestlohn von 50 Dollar eingeführt – pro Monat. Das entspräche einem Stundenlohn von etwa 30 Cent – wenn dem eine 40-Stunden-Woche zugrunde läge. Tatsächlich arbeiten die Textilarbeiter wie auch die Arbeiter in vielen anderen Branchen in Entwicklungs- und Schwellenländern zwischen 50 und 100 Prozent mehr, also bis zum Doppelten der Wochenarbeitszeit, die wir in westlichen Ländern als normal ansehen. Dadurch reduziert sich der faktische Stundenlohn in Bangladesch auf 15 bis 20 Cent pro Stunde.

Wenn, in welchem Kontext und Land auch immer, von Mindestlöhnen gesprochen wird, sollte überall als Standard eingeführt werden, diesen grundsätzlich und ausschließlich auf Stunden-Mindestlöhne hin zu definieren. Erst damit würde man den wesentlichsten ausbeuterischen Versuchungen bei der Lohngestaltung und der Lohnhandhabung einen Riegel vorschieben. Dies enthebt selbstverständlich nicht der Notwendigkeit von deren Kontrolle und von wirkungsvollen Sanktionierungsmechanismen bei Verstößen. Hierzu unterbreiten wir unsere Vorschläge im vorletzten Kapitel, »Made *for* Oneworld«.

Das Konzept eines Mindestlohns ist nicht in allen Wirtschaftszweigen umsetzbar, insbesondere nicht im Bereich landwirtschaftlicher Rohstoffe wie Kaffee, Kakao oder Baumwolle. Aufgrund der Ernterhythmen mit sehr unterschiedlichen Arbeitsanforderungen je nach Jahreszeiten und anderer Spezifika ist hier ein Ansatz erforderlich, der bei den Preisen ansetzt. Für landwirtschaftliche Rohstoffe müssen Mindestpreise definiert werden, die so bemessen sind, dass sie dem globalen Mindeststundenlohn entsprechen. Damit wären auch diese Wirtschaftszweige in das Konzept eines wettbewerbsneutralen globalen Mindesteinkommens integriert.

Für die Textilarbeiterinnen und -arbeiter in Bangladesch wie für die über eine Milliarde Menschen weltweit, die unter ähnlich unwürdigen Lohnbedingungen arbeiten, würde ein tatsächlicher Mindestlohn von 1 Dollar pro Stunde beziehungsweise von entsprechenden Mindestpreisen eine doppelte radikale Verbesserung ihrer Lebenssituation bedeuten:

Da es sich für die Arbeitgeber nicht mehr lohnen würde, von ihren Angestellten faktische Arbeitszeiten von 70 bis 80 Stunden pro Woche zu fordern, denn sie müssten ja jede gearbeitete Stunde entlohnen, wäre der eine Effekt also: Sie würden sich eher dazu entscheiden, für ihre Mitarbeiter humane Arbeitszeiten einzuführen und die anfallende Arbeit durch mehr Mitarbeiter in mehr Schichten erledigen zu lassen. Sie hätten dann ausgeschlafenere und motiviertere Mitarbeiter, und die Qualität der von diesen gefertigten Produkte würde sich verbessern. Volkswirtschaftlich kämen mehr Menschen in Lohn und Brot und hätten dadurch die Chance, von eigener Arbeit ihr Leben zu finanzieren. Mindestlohn wäre gerade in Entwicklungsländern ein Wundermittel auch zum Erreichen von Vollbeschäftigung. Sobald Angestellte durch einen globalen Mindeststundenlohn human leben können bei humanen Arbeitszeiten, hat der Staat starke Motive, durch entsprechende ergänzende Regelsetzungen und »Anreize« gegenüber Unternehmen dafür Sorge zu tragen, dass möglichst viele Menschen in »Lohn und Brot« kommen und damit Steuerzahler werden und man sich insgesamt mehr in Richtung Vollbeschäftigung entwickelt.

Der zweite Effekt wäre eine erhebliche Einkommenssteigerung. Zum Beispiel würde sich für die Angestellten in der Textilwirtschaft von Bangladesch das Monatseinkommen von 50 auf mindestens 160 Euro erhöhen. Es läge damit doppelt so hoch wie das durchschnittliche Bruttoinlandsprodukt pro Einwohner in diesem Land. Die breite Masse der Ärmsten würde in Bangladesch und anderen heutigen Armutsländern in kürzester Zeit aus der Armut geholt. Kinderarbeit wäre nicht mehr nötig, weil die Eltern genügend verdienen würden und ihre Kinder zur Schule schicken könnten. Sie könnten sich grundlegende Anschaffungen leisten, um ihre Lebenssituation spürbar zu verbessern. Sie könnten sich beispielsweise kleine Solaranlagen auf Kreditbasis von der Grameen Bank kaufen, um eine unabhängige und gesicherte Energieversorgung zu haben. Viele weitere Beispiele dafür, worin Menschen mit einem Mindeststundenlohn von 1 Dollar vermutlich als Erstes investieren würden, werden im weiteren Verlauf dieses Buches angesprochen.

Für die volkswirtschaftliche Situation der Entwicklungs- und Schwellenländer würden sich weitere, außerordentlich wichtige und wertvolle Effekte ergeben: Der Lohndumping-Wettbewerb zwischen den konkurrierenden Armutsländern wäre nach unten deutlich gedeckelt. Ihre Position in der Weltwirtschaft würde sich, zumindest was die Ärmsten in ihrem Land betrifft, spürbar verbessern. Das Wandern ganzer Industriezweige von armen Ländern, in denen sich die Löhne auch nur minimal erhöht haben, in solche mit noch ausbeuterischeren Lohnverhältnissen und noch »günstigeren« Produktionsbedingungen – so wie gegenwärtig die Verlagerung der Textilbranche von China, Indien, Vietnam und Bangladesch nach Äthiopien, Kenia und Uganda – würde, wenn nicht aufhören, so sich doch deutlich reduzieren. Alle Entwicklungsländer könnten sich dann im globalen Wettbewerb mit anderen Ländern durch eine bessere Ausbildung ihrer »Mindestlöhner« und ähnliche Aspekte unterscheiden, die das Land insgesamt nach oben führen. Sie würden ferner in kürzester Zeit von vielen Nebeneffekten bitterster Armut befreit werden, weil die Mindestlöhne diese beseitigen. Außerdem würden sich die Lohnsteigerungen all jener Bürger, die bisher unter der neuen Mindestlohngrenze lagen, für die Regierungen als Steigerungen der Steuereinnahmen auswirken. Mehr Steuereinnahmen bedeuten mehr Investitionsspielräume für den Infrastrukturausbau im eigenen Land und damit die Verbesserung der Rahmenbedingungen für die gedeihliche Entwicklung der Bürger.

Aber wäre ein solcher radikaler Schritt zu einem globalen Mindeststundenlohn von 1 Dollar überhaupt wirtschaftlich vertretbar? Würde dies die Wirtschaft nicht völlig überfordern und in große Turbulenzen führen?

Die für viele Menschen sicher überraschende Antwort ist ein sehr klares und eindeutiges Nein. Es gibt eine Voraussetzung, eine Rahmenbedingung, unter der selbst sehr radikale und fundamentale Veränderungen sowie spürbare Mehrbelastungen der Wirtschaft kein Problem für die Unternehmen darstellen. Das Zauberwort für diese Rahmenbedingung von Konzepten und Maßnahmen lautet »Wettbewerbsneutralität«. Was dies konkret bedeutet, wie es umsetzbar ist und warum unter dieser Voraussetzung ausgerechnet die Wirtschaft ein sogar ganz besonders starkes Interesse an grundlegenden Verbesserungen der Lage der Armen in der Welt hat, wird im nächsten Kapitel ausführlich behandelt. Sollten die Wirtschaft und ihre Lobbyisten Gegenargumente zur Einführung eines globalen Mindestlohns bringen, sollten sie diese sehr genau begründen und belegen, und andererseits sollten diese Gegenargumente einer äußerst kritischen fachlichen wie öffentlichen Prüfung unterzogen werden. Sollten, was eher nicht zu erwarten ist, wirklich triftige Gründe für eine stufenweise Hinführung zu der 1-Dollar-Marke gefunden werden, würde sich die Weltgemeinschaft dem nicht unbedingt verschließen. Aber die Diskussion sollte keinesfalls besonders kompromissbereit geführt werden, denn es geht um nicht weniger als die Beseitigung einer monströsen Schande einer insgesamt unermesslich reich gewordenen Menschheit und um die Beseitigung eines gigantischen Ursachenpakets, das für viele weitere globale Probleme verantwortlich ist.

Was kostet ein Sklave?

Wir sollten uns an dieser Stelle kurz vergegenwärtigen, wie groß die Schande ist, die wir zugelassen haben.

Der renommierte Sklavenforscher Kevin Bales führt aus, dass man in den USA im Jahr 1850 für einen gesunden männlichen Sklaven das Äquivalent von heutigen 30 000 bis 40 000 Dollar bezahlen musste. Heute gibt es in Haiti oder im Südsudan schon Arbeitssklaven für 50 Dollar. Nach der alten Definition von Sklaverei sind davon in unseren Tagen bis zu 50 Millionen Menschen betroffen.

Und nach der moderneren Definition von »Arbeit in Freiheit«, wenn auch zu Sklavenlöhnen? Die offizielle UN-Definition für absolute Armut liegt bei 1,25 Dollar pro Tag. Das trifft derzeit auf mehr als 1,2 Milliarden Menschen zu. 1,25 Dollar pro Tag bedeuten weniger als 40 Dollar im Monat – und damit 20 Prozent weniger als der Mindestlohn, der 2013 auf weltweiten Druck nach dem Einsturz einer großen Textilfabrik in Dhaka vom dortigen Textilverband angenommen wurde. Setzt man die Sklaventarife von 1850 an, so hätte sich ein Sklavenhalter von damals gleich drei »moderne« Arbeitssklaven lebenslänglich leisten können – ohne auch nur einen Cent für deren Kost und Logis aufwenden zu müssen, die früher zusätzlich zu Buche schlugen.

Wie immer man einen Sklavenlohn vor diesem Hintergrund definieren mag, in jedem Fall kommt man auf ein Vielfaches an heutigen Arbeitssklaven im Vergleich zu der Anzahl »richtiger« Sklaven zur Hochblüte des Sklaventums.

Zudem sollten wir die UN-Definition für die globale Armutsgrenze mit der Definition für die Armutsgrenze vergleichen, wie sie lange Zeit in der EU galt, nämlich: Armut beginnt dort, wo 50 Prozent des arithmetischen Mittels aller Einkommen unterschritten werden. Nach dieser Definition kommt man auf eine globale Armutsgrenze von 15 statt 1,25 Dollar, also eine um den Faktor 12 höhere Armutsgrenze. Selbst wenn man nur 3 Dollar als globale Armutsgrenze ansetzen würde, wäre bereits weit mehr als die Hälfte der Menschheit als »absolut arm« einzustufen. Als man merkte, wie gefährlich diese Armutsdefinition für die eigene Argumentation zur Lage der Armen in der Welt ist, wechselte man hinsichtlich des Bezugspunkts einfach vom arithmetischen Mittel zum Median. Der Median bezeichnet die Mitte einer Zahlenreihe, wenn man die Zahlen der Größe nach sortiert. Der Median der Zahlenreihe 1-1-2-4-37 ist somit die 2, der Median der Zahlenreihe 1-1-2-14-1798 ist ebenfalls die 2. Dies bedeutet: Bei einer Kurve der Einkommensverteilung in einem Land sagt der Median absolut gar nichts über die Einkommensverteilung aus, wenn sich das Einkommen der unteren Hälfte der Bevölkerung nicht verbessert. Eine Verdoppelung oder auch Verhundertfachung des Einkommens der Spitzenverdiener im Lande würde mit Fokus auf den Median nicht sichtbar – oder, deutlicher ausgedrückt: Er würde schlicht und einfach durch einen simplen statistischen Trick »unsichtbar« gemacht.

Diese neue, von den westlichen Industrieländern betriebene Definition hat zur Folge, dass in besonders armen Ländern bereits 460 Dollar Jahreseinkommen (!) ausreichen, um nicht mehr als »arm« definiert zu werden. Sie hat ferner zur Folge, dass die jährlich immer größer werdende Kluft zwischen armen und reichen Ländern keinerlei Widerspiegelung in der »offiziellen« globalen Armutsstatistik hat. Die Kluft kann immer größer werden und die Armut der Armen immer schlimmer – die Statistik würde dennoch ein »Abnehmen der globalen Armut« feststellen. Eine wachsende »globale Apartheid« und massenhafte faktische Sklavenlöhne werden statistisch »weggezaubert«. Eine Akzeptanz der gegenwärtigen Armutsdefinition ist nicht haltbar und hinnehmbar, weil sie eine Verletzung elementarer Menschenrechte entsprechend der Charta der Vereinten Nationen bedeutet.

Außerdem sei an dieser Stelle darauf hingewiesen, dass es in mehrfacher Hinsicht eklatante Widersprüche gibt zwischen den garantierten Menschenrechten der Vereinten Nationen und den Regularien, die bei der Welthandelsorganisation WTO bindend festgeschrieben sind. So *müssen* die 160 WTO-Mitgliedsländer Güter handeln, die nachweislich von Kindersklaven hergestellt wurden. Solange wir solche Regularien nicht ändern, wird sich auch an der Situation nichts ändern. Franz Josef Radermacher schreibt hierzu in dem Sammelband »Die Post-2015-Agenda für nachhaltige Entwicklung«:

»Nach der Logik der WTO müssen Staaten wie Deutschland Produkte bei sich in Umlauf bringen, bei deren Entstehung Kinder unter sklavenartigen Bedingungen mitgewirkt haben. Dies auch dann, wenn das Ursprungsland, wie natürlich auch Deutschland, auf UN-Ebene bei der

ILO[1] vertraglich gebunden ist, auf ihrem Territorium sklavenartige Kinderarbeit nicht zuzulassen. In ökologischer Hinsicht gilt dasselbe für den Handel mit Palmöl, das unter Umständen in seinem Ursprungsland zulasten von Regenwald produziert wurde. Regenwald wurde beseitigt für Palmplantagen zur Produktion des Öls, manchmal auch in Verletzung der Biodiversitätskonvention. Ähnliche Fälle liegen vor, wenn zum Beispiel Kanada seinen Sektor für erneuerbare Energie massiv forciert, von den Herstellern aus Akzeptanzgründen bei der Bevölkerung aber lokale Arbeitsplätze (über Local-Content-Vorgaben) fordert. Dieser gut funktionierende Ansatz wurde über die WTO-Schiedsgerichtsbarkeit als nicht zulässig erklärt.«

Aufgrund der Macht- beziehungsweise Durchsetzungsunterschiede zwischen den UN-Organisationen auf der einen und der WTO auf der anderen Seite ist es ein überfälliges Ziel, die WTO-Regeln den UN-Standards zu unterwerfen.

Was kostet der 1-Dollar-Mindeststundenlohn?

Es bleibt nun noch diese Frage: Wie sehr belastet unser Vorschlag eines globalen Mindestlohns von 1 Dollar pro Stunde die Konsumenten in den wohlhabenden Ländern?

Sehen wir uns den Effekt eines solchen Mindestlohns

1 Internationale Arbeitsorganisation, eine Sonderorganisation der Vereinten Nationen.

am Beispiel einer Jeans an. Für die Herstellung einer Jeans benötigt eine Näherin in Bangladesch etwa 15 Minuten. Setzen wir pauschal und großzügig eine Quote von 80 Prozent Zusatzkosten an Abgaben und Steuern an, lägen die Arbeitskosten pro Stunde bei 1,80 Dollar, also bei 45 Cent pro Jeans – derzeit betragen sie etwa 15 Cent. Die Differenz klingt sehr hoch – immerhin 30 Cent Mehrkosten pro Hose –, im Verhältnis zum Preis aber, den der Kunde für eine Jeans in unseren Läden in Europa bezahlt, ist sie nahezu irrelevant. Der Verkaufspreis einer solchen Jeans liegt im Durchschnitt bei 69 Euro. In Bezug dazu macht der Anteil der Steigerung der Lohnkosten im Herstellungsland ganze 0,4 Prozent Mehrkosten für den Konsumenten aus. Ausgehend von dieser Rechnung kann niemand ernsthaft behaupten, dass eine Inflationswelle über Europa hereinbrechen würde, wenn wir uns konsequent für eine weltweite Einführung fairer Mindestlöhne entscheiden würden.

Allerdings sind in Verbindung mit einer solchen weltweit gültigen Lohnuntergrenze noch folgende Effekte zu berücksichtigen:

Unternehmen kalkulieren in der Regel mit Aufschlägen. Sie addieren ihre Kosten und schlagen einen Prozentsatz auf, der alle Nebenkosten und Risiken abdeckt sowie ihren gewünschten Gewinn generiert. Da alle Unternehmen in einer Wertschöpfungskette so denken und meist auch so handeln, addiert sich eine nominell minimale Kostensteigerung zu einem frühen Zeitpunkt der Wertschöpfung über die Wertschöpfungskette hinweg zu einem nicht unwesentlichen Preissteigerungseffekt, bis die Ware im Laden in Berlin oder Buxtehude liegt.

Bei der Einführung eines globalen Mindestlohns von 1 Dollar pro Stunde wären zudem bei vielen Produkten mehrere Wertschöpfungsbereiche betroffen, in denen die Löhne bisher unterhalb dieses neuen Mindestlohns liegen. Die effektive Steigerung der Herstellungskosten hinge also sehr davon ab, wie viele solcher Bereiche bei einem Produkt im Spiel sind. In der Addition könnten daher die Verkaufspreise statt um 0,4 Prozent in manchen Fällen um bis zum Fünffachen, also um bis zu zwei Prozent steigen.

Ist dies bedrohlich für unseren Wohlstand? Zum einen macht der globale Handel nur einen geringen Teil des Bruttosozialprodukts in unseren Ländern aus. Zum anderen findet der Großteil des globalen Handels innerhalb der Industriestaaten statt und nur ein deutlich kleinerer zwischen diesen und den Schwellen- und Entwicklungsländern. Von daher bleibt der tatsächliche Kostensteigerungseffekt in unseren Ländern im marginalen Bereich.

Die folgenden beiden Effekte wirken in eine ausgesprochen positive Richtung:

Der erste betrifft die Steigerung der Nachfrage aus den Schwellen- und Entwicklungsländern nach Produkten aus den traditionellen Industriestaaten, ausgelöst durch die Einkommenssteigerungen durch den globalen Mindestlohn. Diesen Effekt kann man sicher nur grob schätzen auf der Grundlage bisheriger Erfahrungen. Bisher haben die Industrieländer immer erheblich profitiert von Wohlstandsentwicklungen in armen und ärmeren Ländern, seien es Staaten innerhalb der sich erweiternden EU, seien es Länder wie Malaysia, Indien oder China oder in jüngerer Zeit afrikanische

Länder. Sobald Armutsländer in aufsteigende Entwicklungsschleifen kommen, verstärken sich Aufsteigereffekte wechselseitig und erhöhen die Nachfrage nach den unterschiedlichsten Produkten aus den Industrieländern. Dieser Effekt allein dürfte alle Kostensteigerungseffekte durch einen globalen Mindestlohn auffangen, gar um ein Vielfaches übertreffen. Das beste Beispiel ist die Entwicklung in China. Vor 25 Jahren war China für den Weltmarkt und für die westlichen Industrienationen bei einem Jahresdurchschnittseinkommen pro Person von 363 Dollar kein interessanter Partner. In den letzten 25 Jahren mutierte es dann rasch zum interessantesten Zukunftsmarkt und Wirtschaftspartner überhaupt mit einem inzwischen 20-fach höheren Durchschnittseinkommen und einem Importwert von über 2 Billionen Dollar. Der Grund ist die aufholende Entwicklung, verbunden mit wachsenden Löhnen, die eine wachsende Nachfrage auf den Weltmärkten ermöglichen.

In dieselbe Richtung wirkt sich ein zweiter positiver Effekt aus: Durch einen globalen Mindestlohn werden zahlreiche Nebeneffekte bitterer Armut reduziert, einschließlich der Kosten, die sich daraus auch für die Industrieländer ergeben, sei es durch die Vermeidung beziehungsweise Verringerung von Armutsmigration oder von ökologischen Folgekosten. Dieses positive Effektebündel, das sich innerhalb der Entwicklungs- und Schwellenländer wie auch auf die Industrieländer auswirkt, wird in den folgenden Kapiteln ausführlicher beschrieben.

Globales soziales Wirtschaftswunder dank globalem Mindestlohn

Insgesamt bedeutet ein globaler Mindestlohn von 1 Dollar pro Stunde das effektivste Instrument sowohl zur Überwindung der Armut von weit mehr als einer Milliarde Menschen als auch für eine globale Wirtschaftsförderung. Von beiden Effekten profitieren sowohl die Entwicklungs- und Schwellenländer als auch die Industrieländer erheblich. Das Ergebnis wird ein globales Wirtschaftswunder sein, und dieses können wir darüber hinaus sehr gut dazu nutzen, um die Umstellung der Weltwirtschaft auf deutlich mehr Nachhaltigkeit kraftvoll voranzubringen.

Die Einführung von nationalen Mindestlöhnen brachte zumindest in einigen Ländern heftige innenpolitische Diskussionen mit sich, zuletzt in Deutschland. Bis zur Niederschrift dieses Buches führte der Mindestlohn in Deutschland jedoch zu keiner einzigen der befürchteten Nebenwirkungen, die von Skeptikern ins Feld geführt worden waren. Insbesondere die apostrophierte »Zerstörung von Arbeitsplätzen« trat ganz offensichtlich nicht ein. Ganz im Gegenteil erreichten die Arbeitslosenzahlen Niedrigststände, wie es sie zuvor jahrzehntelang nicht gegeben hatte.

Doch um die Skeptiker weiter zu beruhigen: Die Einführung eines globalen Mindestlohns würde auch die bisher nahezu ungebremst eskalierende Weitung der Schere bei den globalen Einkommen eindämmen.

Bei der Diskussion um die Gesamteffekte bei der Einführung eines globalen Mindestlohns sollten wir uns auf keinen Fall beirren lassen. Die Vorteile sind für nahezu alle derart offensichtlich, dass wir uns von Vertretern von irgendwelchen gegenläufigen Partikularinteressen nicht beeindrucken lassen sollten. Dieses Thema und dieser Ansatz sind zu wichtig für unsere globale Zukunft. Wir sollten alle Gegenargumente prüfen, aber letztlich nur zu einem Ziel: das Konzept in seinen Feinheiten und gewünschten Effekten immer weiter zu verbessern.

Der globale Mindestlohn würde die gesamte engagierte Zivilgesellschaft – und nicht zuletzt gerade auch die Wirtschaft – aus einem Dilemma aller bisherigen Anstrengungen für eine faire Weltgesellschaft und Weltwirtschaft herausführen: Der entscheidende Schwachpunkt in den Sozialstandards SA8000, bei Soziallabels und in Selbstverpflichtungserklärungen der Welt ist das Fehlen eines globalen Mindestlohns beziehungsweise globaler Mindestpreise bei landwirtschaftlichen Rohstoffen. Dieser Mangel ist das große Einfallstor für den Fortbestand von Sklavenlöhnen und damit unerträglichen Verhältnissen. Durch die Einführung eines *wettbewerbsneutralen* globalen Mindestlohns und *wettbewerbsneutraler* globaler Mindestpreise bei landwirtschaftlichen Rohstoffen würde die Armut effektiv beseitigt, was einen großen Sieg für alle humanitären Einrichtungen bedeuten würde. Und die Wirtschaft wäre – wettbewerbsneutral – nicht nur befreit von der Schande der Lohnsklaverei, sie würde obendrein mit neuen Nachfragemärkten belohnt, und zwar in Regionen, die bisher mehr oder minder »out of economy« waren und in denen aufholende Entwicklung schlicht ein Gebot der menschlichen Würde ist.

Globaler Mindestlohn als Menschenrecht

Wir müssen die Liste der Menschenrechte endlich um jene Schlüsselmaßnahmen erweitern, die die Menschheit besonders wirkungsvoll von massenhaften und lebenslangen sklavenähnlichen Verhältnissen befreien können.

Muhammad Yunus, der Friedensnobelpreisträger des Jahres 2006, fordert – zu Recht – den Zugang zu Krediten als Menschenrecht, denn selbst in wohlhabenden Ländern könnte die Wirtschaft nicht funktionieren ohne die Möglichkeit der Kreditaufnahme. Das Abschneiden von weit mehr als der Hälfte der Menschheit von dieser Möglichkeit ist eine fundamentale Menschenrechtsverletzung, die durch Mikrokredite praktisch überwunden werden kann.

Dasselbe gilt für das Thema Mindestlöhne. Mindestlohn muss als Menschenrecht gesehen und anerkannt werden. Nachdem Europa den Mindestlohn im eigenen Rechtsgebiet realisiert hat, muss er mit tausendfach mehr Berechtigung nun weltweit als Menschenrecht durchgesetzt werden. Als wettbewerbsneutrale Lösung, wie dies im nächsten Kapitel erklärt wird, stellt die Einlösung dieses Menschenrechts für niemanden ein Problem dar, vielmehr einen historisch großen Gewinn für die gesamte Menschheit.

Wir haben gelernt, dass immer mehr der Herausforderungen, vor denen die Menschheit steht, nur im globalen Kontext gelöst werden können. Das Weltklimasystem ignoriert die von Menschen im Lauf ihrer Geschichte gezogenen Grenzen zwischen Staaten, deshalb kann der

Klimawandel nur in globaler Dimension gelöst werden. Analoges gilt für nahezu jedes andere Problemfeld. Wir alle wissen, dass ein Denken in Abgrenzungen wie »Made in Germany« oder »Made in USA« nur noch im Geschichtsunterricht einen angemessenen Platz haben kann. Unsere Produktwelt ist längst »Made in Oneworld« und »Made *for* Oneworld«. Daher kann auch die Frage der Sicherstellung fairer Löhne nicht länger eine Frage sein, die wir unterhalb oder außerhalb einer globalen Verantwortungsgemeinschaft beantworten dürfen. Denn sonst würden *wir alle* die systematische Verletzung elementarster Menschenrechte hinnehmen und akzeptieren. Was »Made in Oneworld« ist, also in und für die Konsumenten weltweit hergestellt wird, kann heute nur als Thema unserer gemeinsamen Verantwortung gesehen werden. Und »Made in Oneworld« kann und darf heute nur noch bedeuten: »Made with Minimum Wage«, hergestellt auf der Grundlage eines globalen Mindestlohns.

Fragen & Antworten

Wie ist die Marke von 1 Dollar pro Stunde entstanden?
Ein globaler Mindeststundenlohn muss sich zwischen zwei Polen bewegen: Er darf die Konsumenten nicht verschrecken und in den Widerstand treiben, und er muss das Ende ausbeuterischer Verhältnisse und unmenschlicher Armut erreichen. Innerhalb dieses Korridors können *alle* Menschen der Welt sehr schnell dessen positive Wirkungen auf *alle* Regionen der Erde erfahren.

Reicht ein Nettoeinkommen von 1 Dollar pro Stunde, um die Menschen aus der Armut zu befreien?
Der Mindestlohn von 1 Dollar pro Stunde ist für jene Menschen angesetzt, die bisher nur 2 bis 3 Dollar *am Tag* verdienen und dank eines globalen Mindestlohns mindestens 8 Dollar am Tag an Einkommen hätten. Mit dem dadurch erzeugten Mehreinkommen könnten sich die betroffenen Familien all jene grundlegenden Dinge leisten, die ihnen den sicheren Weg aus der Armut bereiten, wie den Zugang zu guter Bildung, zu ausreichender Energie, zur digitalen Welt mit ihren reichlichen Möglichkeiten zur Entwicklungsbeschleunigung.

Stellt ein solcher globaler Mindestlohn nicht ein Problem für die Weltwirtschaft dar?
Im Gegenteil. Ein globaler Mindestlohn ist das wirkungsvollste aller vorstellbaren Konjunkturprogramme für die Weltwirtschaft. Nahezu alles Geld, das die Armen auf diesem Weg erhalten, werden sie sofort in den Wirtschaftskreislauf zurückbringen, also in der Realwirtschaft ausgeben. Und niemand wird besser darauf achten als die Armen selbst, dass ihr Geld die größtmögliche wirtschaftliche Weiterentwicklungsperspektive für sie eröffnen wird.

Wäre es nicht besser, weltweit einen flexiblen Mindestlohn einzuführen, der an die Lebensstandards des jeweiligen Landes angepasst ist?
Unsere Empfehlung ist ein *flexibler* Mindestlohn *oberhalb* der 1-Dollar-Lohnuntergrenze. Diese Lohnuntergrenze darf nirgendwo unterschritten werden. Alles, was darüber liegt, ist dann wieder Ländersache.

Wer sollte diesen globalen Mindestlohn beschließen?
Festlegen sollte den Mindestlohn die Internationale Arbeitsorganisation (ILO). Ideal wäre dann eine Entscheidung der Weltgemeinschaft über die Vereinten Nationen. Initiiert werden sollte sie durch eine möglichst breite Koalition aus Wirtschaft, Zivilgesellschaft und Politik. Dies ist realistisch, weil ein wettbewerbsneutraler globaler Mindestlohn im Interesse aller ist.

Und wer sollte die Umsetzung des Mindestlohns kontrollieren?
Die ILO als Sonderorganisation der Vereinten Nationen ist die richtige Adresse, den Mindestlohn als globales Menschenrecht zu überwachen. Der SA8000 formuliert alle notwendigen sozialen Standards, lediglich die Spezifizierung eines globalen Mindestlohns mit der Startmarke von 1 Dollar pro Stunde müsste dort noch verankert werden.

Was passiert, wenn der Mindestlohn in einem Land nicht eingehalten wird?
Für alle internationalen Transaktionen sollte der entsprechend überarbeitete SA8000 verpflichtend werden. Über die ILO sollte das Kontrollsystem gesteuert werden. Bei Verstößen sollte das betreffende Unternehmen sanktioniert werden und nicht das Land, in dem sie geschehen. Das Unternehmen verliert das Recht, seine Produkte international zu vermarkten. So könnten seine Mitarbeiter vor den Folgen der Sanktionen geschützt werden, da sie zu Unternehmen wechseln können, die sich an den Mindestlohn halten.

Wie sind die Mindestpreise für Agrarprodukte festzulegen?
Sie sollten sich an den Einkommen aus dem Mindestlohn des jeweiligen Landes orientieren. Für dieses Ziel sollten Mechanismen entwickelt werden, wie dies gesichert werden kann.

Wie wird garantiert, dass diese Mindestpreise beim Bauern ankommen?
Die Bauerngenossenschaften müssten ebenfalls über SA8000 zertifiziert werden. Die Kontrolle erfolgt dann über anonyme Befragungen einzelner Bauern im Rahmen der jährlich vorzunehmenden Auditprüfungen.

Was ist das Revolutionäre an dem Ansatz von 1 Dollar globalem Mindestlohn?
Revolutionär ist, dass über diesen wettbewerbsneutralen Ansatz ein Quantensprung in der konkreten Gestaltbarkeit einer längst globalisierten Wirtschaft erfolgt. Eine soziale Marktwirtschaft, die im Zeitalter umfassendster Globalisierung nur noch eine *globale* soziale Marktwirtschaft sein kann, ist erst durch einen globalen Mindestlohn machbar. Eine globale soziale Marktwirtschaft sichert auf Dauer auch die klassischen sozialen Marktwirtschaften in den alten Industrieländern, die sonst im globalen Lohndumpingwettbewerb immer mehr erodieren.

Damit der Konsument ethisch korrekte Produkte kaufen kann, braucht er Labels, dank derer er sie auf dem Markt klar erkennen kann. Aber haben wir nicht heute schon viel zu viele Fair-Trade-Labels?
Wir haben heute in der Tat, weltweit gesehen, wohl

schon Hunderte Labels, die alle »Fair Trade« versprechen, aber von den Konsumenten kaum noch unterschieden werden können.

Was ist die Lösung?

Wenn der Mindestlohn von 1 Dollar pro Stunde global installiert ist, brauchen wir nur noch ein Label, das die Standards des SA8000 als verbindlich erklärt und von der ILO anerkannt wird. Wir empfehlen hierfür ein »Made *for* Oneworld«-Label, dessen Erwerb Voraussetzung für jedes Unternehmen ist, das mit seinen Produkten am Welthandel teilnehmen will. Dieses Label muss auf jedem Produkt aufgebracht sein.

2 Wettbewerbsneutralität als Schlüssel zur globalen ökosozialen Marktwirtschaft

Unter welchen Bedingungen selbst radikale Lösungen auch für die Wirtschaft kein Problem darstellen

Die Denkblockaden gegenüber wettbewerbsneutralen Konzepten

Die Erfolgsformel für den so lange währenden immensen Wettbewerbsvorteil der traditionellen Industrieländer besteht aus mehreren Komponenten. Die wichtigste: eine bis nahe zur Jahrtausendwende fast bis zur Monopolisierung fortgeschrittene Konzentration der wichtigsten Patente und insgesamt des Fortschrittswissens in diesen Staaten. Die Erfolgsformel für den derzeitigen Wettbewerbsvorteil global agierender Unternehmen und aufholender Länder in der gegenwärtigen Phase der Globalisierung lautet: clevere Verknüpfung von Fortschrittswissen mit niedrigen Löhnen. Hinzu kommen als weitere wettbewerbsverzerrende Handlungsoptionen der starken Länder, Ökonomien und Wirtschaftsakteure: Steuerdumpingwettbewerb zwischen den Nationen, Subventionen, Zölle, Währungsmanipulationen und sonstige Tricksereien an den Finanzmärkten. Die Erfolgsformel, mit der alle Länder, Unternehmen und Menschen ihre besten Potenziale optimal entfalten können – wodurch eine völlig neue Qualität von humanem Weltwirtschaftswunder erreicht wird –, lautet: Wettbewerbsneutralität.

Wenn eine Maßnahme wettbewerbsneutral ist, hat die Wirtschaft keine systemischen Probleme, sie umzusetzen, selbst wenn es sich um eine sehr weitreichende Maßnahme handelt. Wenn sie nicht wettbewerbsneutral ist, wird sie immer den mehr oder minder heftigen Widerstand von Teilen der Wirtschaft hervorrufen.

Was bedeutet Wettbewerbsneutralität überhaupt? Eine Maßnahme, eine Regelsetzung ist dann wettbewerbsneutral, wenn sie den Wettbewerb zwischen Unternehmen oder auch zwischen Ländern nicht verzerrt, sondern alle am Markt Beteiligten im Prinzip in gleicher Weise betrifft. Der Wettbewerb wird verzerrt, wenn beispielsweise durch ein bestimmtes Steuersystem mittelständische Unternehmen in Relation höhere Steuern bezahlen müssen als internationale Konzerne, nur weil sie weniger Ausweichmöglichkeiten haben. Die Wettbewerbsneutralität wird verletzt, wenn Unternehmen, die auf dem Weltmarkt miteinander in Konkurrenz stehen, je nach Standort unterschiedlich hohe Klimaschutzkosten tragen müssen. Wettbewerbsneutralität ist außer Kraft gesetzt, wenn in einem Land Kinderarbeit geduldet wird und in einem anderen nicht, wenn ein Land langfristige Umweltinvestitionen seiner Energiekonzerne stark fördert und ein anderes Land ganz auf die

Shareholder-Philosophie setzt, also auf kurzfristige Gewinnmaximierung seiner Unternehmen …

Die Frage, weshalb noch so selten politische Maßnahmen dem Prinzip der Wettbewerbsneutralität Rechnung tragen, ist leicht beantwortet: Jedes Land will zuallererst seinen eigenen Unternehmen und seinen eigenen Bürgern die besten Vorteile sichern. Die nationalen wettbewerbs*egoistischen* und damit wettbewerbs*verzerrenden* Interessen haben klaren Vorrang vor wettbewerbs*neutralen* Lösungen, selbst dann, wenn eine wettbewerbsneutrale Lösung für fast alle weitaus besser wäre. Die Logik dieses Widersinns: In der Wirtschaft ist ein Wettbewerbsvorteil Gold wert. Solange eine Wettbewerbsverzerrung zu eigenen Gunsten erhalten oder erkämpft werden kann, ist der relative Vorteil für einen selbst immens. Jedes Unternehmen, jeder Wirtschaftsverband und jedes Land der Welt regt sich sehr darüber auf, wenn andere Mitspieler sich für wettbewerbsverzerrende Maßnahmen zu *deren* Gunsten – und dadurch automatisch zuungunsten der anderen – entscheiden. Aber dieselben Unternehmen, dieselben Wirtschaftsverbände und dieselben Länder verteidigen gleichzeitig ihre eigenen wettbewerbsverzerrenden Maßnahmen mit allen nicht ausdrücklich untersagten Mitteln und nicht selten auch jenseits dieser Grenze.

Wie weit wir noch von einem wettbewerbsneutralen Denken in der Politik entfernt sind, zeigt folgendes Beispiel: Bei den Welthandelsgesprächen Anfang der 1990er-Jahre einigte man sich auf eine offensive Liberalisierung der Märkte. Die Wirtschafts- und Entwicklungsexperten versprachen sich davon nach den offiziellen Dokumenten einen weltweiten Wohlstandszuwachs von mindestens 15 Milliarden Euro pro Jahr. Der größte Teil hiervon würde den ärmsten Staaten zufließen, so ihre Prognosen. Für alle Wettbewerber sind offene Weltmärkte im Kern ein sehr wettbewerbsneutraler Ansatz, der tatsächlich sowohl die gesamtökonomischen Gewinnmöglichkeiten erheblich ausweitet als auch die Zugangschancen für alle angleicht. Natürlich gilt Letzteres nur dann, wenn nicht nur die Schwellen- und Entwicklungsländer ihre Märkte mit klugen Zeitplänen öffnen, sondern ebenso die traditionellen Industrieländer. Doch was geschah? Während internationale Organisationen von Weltbank bis Internationalem Währungsfonds die Schwellen- und Entwicklungsländer ab 1992 drängten, ihre Märkte schnell und radikal zu liberalisieren, zierten sich die Industrienationen, ihre eigenen Märkte in gleicher Weise zu öffnen. So gewährten die OECD-Staaten ihren Bauern lange Zeit staatliche Hilfen in Höhe von 370 Milliarden Euro jährlich. Selbst heute liegen ihre Subventionen allein für die Landwirtschaft noch bei 180 Milliarden.

Als Ergebnis dieser Einseitigkeit und damit des massiven Verstoßes gegen das Prinzip der Wettbewerbsneutralität sprechen Studien von einem Wohlstands*verlust* der 48 am wenigsten entwickelten Länder seit dieser Zeit von jährlich mindestens 400 Milliarden Euro. Der Westen meint es mit »fairen« Wettbewerbsbedingungen ganz offensichtlich nur dann ernst, wenn sie zum Vorteil seiner eigenen Unternehmen sind, wenn also lediglich seine Unternehmen »fairen« Zugang zu den Märkten der Welt erhalten. Die EU investiert insgesamt weit mehr als ein Drittel ihres Gesamtbudgets in Branchen, die eigentlich nicht mehr wettbewerbsfähig sind, obwohl daran nur zwei Prozent ihrer Arbeitsplätze hängen.

Mit diesen extrem wettbewerbsverzerrenden Maßnahmen zerstören die reichen Länder die Existenzgrundlage für viele Millionen Bauern und Industriearbeiter in den ärmeren Ländern. Gegen fast beliebig hohe Exportsubventionen zum Beispiel für landwirtschaftliche Produkte kann kein Unternehmer aus dem Süden konkurrieren, selbst wenn er vollkommen umsonst arbeiten würde. Die Kunden in den Industrieländern müssen völlig überteuerte Preise und überhöhte Steuern bezahlen, damit die daraus gezogenen Gelder bei uns in volkswirtschaftlich dauersubventionsabhängige Branchen fließen. Gleichzeitig wird dadurch kostengünstigeren Konkurrenten aus dem Süden die Existenz zerstört. Wäre es nicht viel sinnvoller, wenn im Bergbau und in der Landwirtschaft in den Industrieländern ein angemessenes Mindesteinkommen gesichert würde und wenn ansonsten in diesen Bereichen in Umstrukturierungsmaßnahmen in Richtung Zukunftsaufgaben investiert würde, zum Beispiel in erneuerbare Energien?

Doch der Irrsinn der Wettbewerbsverzerrung durch die traditionellen Industrieländer geht noch weiter. Wie sollen die ärmsten Länder eine reelle Chance zum Aufholen oder schlicht faire und wettbewerbsneutrale Marktbedingungen vorfinden, wenn die reichen Staaten ihnen die Wertschöpfung an ihren eigenen Produkten verwehren? Eine der Grundlehren der Ökonomie besagt: Je mehr ein Produkt verarbeitet und veredelt wird, desto höher sind die Wertschöpfung und der wirtschaftliche Nutzen für die Menschen, die an diesem Produkt arbeiten. Je rabiater man es einigen Ländern verwehrt, verarbeitete Produkte auf dem Weltmarkt zu verkaufen, desto mehr schadet man ihnen also.

Der wettbewerbsverzerrende Egoismus insbesondere der großen traditionellen Industrieländer und der in ihnen angesiedelten global agierenden Unternehmen war und ist bis heute konstitutives Element der Weltwirtschaft. Wie hart und rücksichtslos sie ihre Muskeln auch mithilfe der von ihnen dominierten internationalen Einrichtungen spielen lassen, zeigt die Geschichte des Internationalen Währungsfonds (IWF), die Ernst Wolff in seinem Buch »Weltmacht IWF« präzise aufarbeitete und die man nicht anders bezeichnen kann als die »Chronik eines Raubzugs«.

Doch langsam regt sich ein Umdenken in Politik und Wirtschaft, spätestens seit eine Reihe von Schwellenländern inzwischen so stark geworden sind, dass sie derart einseitige internationale Abkommen nicht mehr mitmachen. China, Indien, Brasilien, Russland und Südafrika, die fünf wichtigsten Schwellenländer, auch als BRICS-Staaten bezeichnet, beispielsweise gründeten 2015 ihre eigene globale Entwicklungsbank. In den USA bildete sich fast zur selben Zeit eine erstaunlich breite und starke Koalition von Unternehmen, die sich massiv für eine überfällige Wende in der Umweltpolitik einsetzen. Aber noch steckt dieses Umdenken in diesen beiden Sektoren eher in den ersten Anfängen. Noch hat ein rücksichtslos national- oder unternehmensegoistisches Denken und Handeln viel zu viele Repräsentanten und Lobbyisten.

Zu wenige Menschen und Organisationen haben sich bislang mit den immensen Vorteilen wettbewerbsneutraler Lösungen beschäftigt und diese verstanden. Dies gilt auch für die Akteure in der engagierten Zivilgesellschaft. Die meisten von ihnen sind so stark enttäuscht von der Wirksamkeit internationaler Abkommen und Organisationen, dass sie lieber auf Aktionen von Bürgern, auf Veränderungen im Konsumentenverhalten und pragmatische kleine Veränderungen in der kommunalen bis nationalen Politik setzen. So verständlich diese Enttäuschung ist, so verhängnisvoll ist sie in Bezug auf die Wirksamkeit von Lösungskonzepten: Alle Lösungskonzepte, die nur einen Teil der Konsumenten, der Unternehmen oder der Länder ansprechen, können unmöglich wettbewerbsneutral sein. Alle diese Lösungskonzepte provozieren daher aus klaren systemischen Gründen den Widerstand eines Teils der Länder oder eines Teils der Wirtschaft oder erreichen von vornherein nur einen Teil der Konsumenten. Wer systemisch denkt – und das sollte in Zeiten nahezu durchweg globaler Zusammenhänge von Öko-, Wirtschafts- und sozialen Systemen ein jeder –, der muss systemische Lösungen als die besten Lösungen erkennen und sich für diese einsetzen. *Wettbewerbsneutralität ist systemisches Denken pur.*

Die großen Chancen wettbewerbsneutraler Konzepte

Wir sollten die Chancen wettbewerbsneutralen Denkens endlich gründlich verstehen und intelligent nutzen lernen. Dies gilt umso mehr, als in allen Sektoren der Weltgesellschaft die Offenheit für und das Nachdenken über wettbewerbsneutrale Lösungskonzepte längst begonnen hat. Wettbewerbsneutrale Lösungen haben offensichtlich große Chancen.

Eine erste ungewöhnliche Initiative aus der Wirtschaft, die dem Prinzip der Wettbewerbsneutralität entsprach, kam ausgerechnet aus der Teppichbranche. Die führenden europäischen Importeure handgeknüpfter Teppiche sowie deren Verband wandten sich 1995 formell an die EU-Kommission mit der Bitte, dass diese eine wettbewerbsneutrale Abgabe auf alle Teppiche erheben möge, die in die EU importiert werden. Sie schlugen hierfür zwei Prozent vom Importwert vor. Die dadurch erzielten Einnahmen von rund 50 Millionen Euro jährlich sollten dazu verwendet werden, Schulen zu errichten und Lehrer zu finanzieren, um allen Kindern von Teppichknüpferfamilien Zugang zu Bildung zu ermöglichen, sowie sonstige Maßnahmen zu ergreifen, die dazu führen, dass Kinder keine Teppiche mehr knüpfen müssen, um das Überleben der Familie mitzusichern. Auf diesem Wege sollten die Ursachen von Kinderarbeit systematisch und flächendeckend beseitigt werden. Nie zuvor gab es eine ähnliche Lobbyarbeit eines Wirtschaftsverbands für eine analoge Maßnahme. Interessant war: Man argumentierte gegenüber der EU-Kommission ausdrücklich, dass es bei einer *wettbewerbsneutralen* EU-weiten Einführung einer solchen zweckgebundenen Entwicklungsabgabe auch kein Problem wäre, statt zwei Prozent fünf abzuführen, sollte das nötig sein, um die Ursachen der Kinderarbeit erfolgreich beseitigen zu können.

Um ihre Bereitschaft zu einer solchen Entwicklungsabgabe zu untermauern, richteten die Unternehmen sogar einen Fonds ein, in den sie jährlich ein Prozent einzahlten. Diese Zahlung gibt es heute noch als freiwillige Unternehmensspende an den dafür gegründeten Verein Care & Fair. Weil die EU damals noch nicht so weit war, dem Vorschlag einer *wettbewerbsneutralen* zweckgebundenen Entwicklungsabgabe zu folgen, blieb diese Initiative leider im Bereich des freiwilligen Commitments der beteiligten Unternehmen stecken.

Die Vorteile wettbewerbsneutraler Konzepte wurden auch durch die 24 CEOs großer internationaler Konzerne von ABB über Cisco, E.ON, Ford und Siemens bis Swiss Re, Toyota und Vattenfall erkannt, die sich im Jahr 2005 am Rande des damaligen Weltwirtschaftsforums in Davos mit einer gemeinsamen »Global Warming Action«-Erklärung an die G8-Staaten wandten. Sie gestanden zunächst unumwunden ein, dass sie sich bislang zu wenig verantwortungsvoll in Bezug auf das Klimaproblem verhalten hatten. Sie erkannten an, dass ein ausgesprochen weitreichendes globales Klimaregime erforderlich ist, um die Klimaerwärmung wenigstens auf ein gerade noch erträgliches Maß von 2° Celsius zu begrenzen. Der Kern ihres Aufrufs an die politischen Führer der G8-Staaten war: Beschließt ohne Zögern und ohne Einschränkungen alles, was hierfür erforderlich ist. Aber lasst eure Konzepte *wettbewerbsneutral* sein.

Die Unterzeichner dieses Aufrufs konkretisierten die Qualität der Wettbewerbsneutralität in Bezug auf eine wirksame globale Klimapolitik wie folgt: Als Erstes muss die Politik weltweit *verbindlich* festlegen, auf welches Maß die Emissionen begrenzt werden sollen, um das Klimawendeziel erreichen zu können. Dies ist wichtig für die Verlässlichkeit politischer Vorgaben. Als Zweites muss der höchst komplexe Flickenteppich von endlos vielen und sich teilweise völlig widersprechenden nationalen Maßnahmen zur Klimapolitik überwunden werden. Erforderlich ist die »Sicherstellung *gleicher, global gültiger Rahmenbedingungen*«. Dies ist unverzichtbar für die Entscheidungssicherheit global agierender Unternehmen. Als Drittes muss sich die Politik *langfristig* festlegen, sowohl bezüglich der Zielvorgaben als auch der Rahmenbedingungen und der zentralen Mechanismen, mit denen die Ziele erreicht werden sollen. Dies ist unabdingbar für eine langfristige Investitionssicherheit. Gerade bei Energieunternehmen bewegen sich Investitionsentscheidungen oft im Milliardenbereich. Hier ist es unternehmerisch nicht zu verantworten, das Risiko von Milliardenfehlinvestitionen einzugehen. Es ist umgekehrt aber absolut kein Problem, für die Umwelt wie für die Investoren sehr weitreichende Entscheidungen zu treffen, wenn diese *langfristig kalkulierbar* sind. Als Viertes schlugen sie die Kombination eines global wirksamen Klimaregimes mit einer insgesamt *nachhaltigen globalen Entwicklungsstrategie* vor, bei der die Überwindung der Armut und letztlich die Überwindung der Nord-Süd-Kluft im Zentrum stehen müsste. Eine »umfassende Agenda für nachhaltige Entwicklung« ist aus Sicht der 24 damals unterzeichnenden CEOs dieses Dokuments der beste Rahmen und die beste Rahmenpolitik, weil sich dann eine aufholende und sozial gerechte Entwicklung und eine ökologische Wende wechselseitig verstärken.

Sie fordern im Endeffekt nichts weniger als einen Einstieg in eine handlungsfähige globalverantwortliche Politik und in einen globalen ökosozialen Ordnungsrahmen der Weltwirtschaft. Sie fordern letztlich eine *glo-*

bale ökosoziale Marktwirtschaft. Mit dem Gedanken einer wettbewerbsneutralen Lösung wagen sie sich so weit nach vorn wie wohl noch keine Erklärung aus der Wirtschaft je zuvor. Sie gehen sogar weit über das hinaus, was Engagierte der Zivilgesellschaft je zu hoffen und zu formulieren wagten. Ein derart mutiger Aufruf wurde vermutlich auch deshalb von Politik und Zivilgesellschaft nicht gleich so ernst genommen, wie es der Inhalt eigentlich gebieten müsste, weil man seinen weltverändernden Wert nicht so schnell einordnen und nicht glauben konnte, dass ein solcher Vorstoß ausgerechnet aus der Wirtschaft kommt.

Entscheidend ist dies: Als *einziges Kriterium*, das bei allen Konzepten in Richtung mutiger globalverantwortlicher Rahmengestaltung erfüllt sein muss, nennen sie *die Wettbewerbsneutralität*. Die Erklärung dieser 24 Weltwirtschaftsführer ist daher in der Tat als revolutionär einzustufen. Sie zeigt, was auch und gerade mit der Wirtschaft möglich ist, wenn wir lernen, in der Kategorie Wettbewerbsneutralität zu denken. Es wäre verantwortungslos, wenn wir diese Chance nicht nutzen würden.

Dass wettbewerbsneutrale Konzepte für die Wirtschaft grundsätzlich große Vorteile bringen, zeigt ferner folgendes Beispiel: Wenn beispielsweise landwirtschaftliche Rohstoffe wie Baumwolle oder Kaffee an der Börse gehandelt werden, gelten die dort gehandelten Preise für alle Unternehmen gleich. Sie sind damit in gewisser Weise wettbewerbsneutral. Dies erleichtert den Unternehmen das ökonomische Handling sehr. Allerdings: Die Börse schafft zwar Wettbewerbsneutralität, jedoch über den Mechanismus von Angebot und

Nachfrage. Genau dieser Mechanismus eröffnet den besonders starken Playern am Markt die Möglichkeit, durch große Ankäufe und die temporäre Zurückhaltung größerer Mengen die Preise zu ihren Gunsten zu manipulieren, also nach oben zu treiben. Der Vorteil der Wettbewerbsneutralität von gleichen Preisen zu einem bestimmten Zeitpunkt wird damit für einen Teil der Marktteilnehmer erheblich geschmälert. Für die Schwächsten am Markt, die Bauern und die landwirtschaftlichen Helfer, wirkt sich dies sogar als weitere Verschärfung ihrer Lebenssituation aus. Spekulation mit landwirtschaftlichen Rohstoffen auf Kosten der in diesem Bereich arbeitenden Menschen ist besonders schändlich.

Die *Preise* für deren Ernteprodukte müssen daher dringend auf ein Mindestniveau gebracht werden, das einem *Mindesteinkommen analog zum vorgeschlagenen globalen Mindestlohn* entspricht. Die Logik einer solchen Preisanhebung auf ein dem Mindestlohn vergleichbares Niveau muss dabei ebenfalls dem Prinzip der Wettbewerbsneutralität entsprechen. Erst durch diese doppelte Wettbewerbsneutralität profitieren *alle* am Markt Beteiligten von einem Mindestlohn beziehungsweise von Mindestpreisen in großem Stil.

Wettbewerbsneutraler globaler Mindestlohn

Der Vorteil wettbewerbsneutraler Lösungen sollte daher von allen Akteuren in Wirtschaft, Wissenschaft, Politik und Zivilgesellschaft untersucht werden – gerade am Beispiel des hier vorgeschlagenen globalen Mindestlohns beziehungsweise von Mindestpreisen bei landwirtschaftlichen Rohstoffen.

Ein *globaler* Mindestlohn wäre *per se wettbewerbsneutral*, denn als globale Lösung würde er für alle dieselbe Veränderung des Spiels bedeuten. Zugleich gilt aber auch: *Erst* als globale Lösung wäre der Mindestlohn wettbewerbsneutral und hätte somit für die Wirtschaft keine wettbewerbsverzerrenden Auswirkungen. Anders formuliert: Die Wettbewerbsneutralität macht die Unterstützung des globalen Mindestlohns seitens der Wirtschaft erst möglich. Mehr noch: Erst unter der Voraussetzung der Wettbewerbsneutralität wird die Umsetzung eines globalen Mindestlohns ernsthaft wahrscheinlich. Das bedeutet: Allein Maßnahmen, die wettbewerbsneutral sind, setzen die im vorherigen Kapitel angesprochenen immensen Effekte eines solchen revolutionären Durchbruchs frei. Und noch etwas: Eine derart große Umsetzung einer wettbewerbsneutralen Lösung am Beispiel eines globalen Mindestlohns gibt uns allen als Weltgesellschaft eine völlig neue Dimension von Handlungsfähigkeit, einer Handlungsfähigkeit, die viele bereits aufgrund der Veränderungen durch die Globalisierung verloren geglaubt haben.

Wettbewerbsneutrale Konsumsteuer

In diesem Kontext sollte eine weitere bedeutende wettbewerbsneutrale Konzeption wenigstens kurz angesprochen werden: die Umstellung unseres Steuersystems auf eine reine oder zumindest weitestgehende Konsumsteuer.

Ein konsumsteuerbasiertes Steuersystem würde nicht mehr die Arbeit belasten, sondern nur noch den Konsum. Dies ist gerade in einer globalisierten Weltwirtschaft wichtig, letztlich sogar unumgänglich. Heute entrichten globale Unternehmen wie Amazon oder Apple fast keine Steuern mehr. Sie »steuern« ihre Gewinne – in legaler Ausnutzung der Unterschiedlichkeit der Steuersysteme in den verschiedenen Ländern – dorthin, wo sie die niedrigsten Steuern zahlen, auch wenn sie dort kaum mehr als Alibibüros haben. Für kleine Länder ist es ein hervorragendes Geschäft, wenn sie die Steuern für globale Konzerne sehr niedrig ansetzen, denn selbst ein niedriger Prozentsatz vom Umsatz oder Gewinn eines Global Players ist für solche Länder sehr viel Geld. Die größeren Länder gehen dann weitgehend leer aus, stellen also die Infrastruktur, die diese bestverdienenden und minimalstbesteuerten Unternehmen nutzen, praktisch kostenlos zur Verfügung. Die mittelständischen Unternehmen zahlen vergleichsweise erheblich mehr Steuern und erleiden gleichzeitig massive Wettbewerbsnachteile. Dies ist weder für den Großteil der Wirtschaft noch für den Großteil der Nationen ein zukunftsfähiges Modell.

Mit einem konsumsteuerbasierten Steuersystem würde jedes Produkt – und jede Dienstleistung – dort versteuert, wo es genutzt wird. Dadurch könnte sich kein Unternehmen mehr größere Steuervorteile organisieren. Der Staat müsste den Finanzströmen eines Amazon-Unternehmens nicht mehr hinterherrecherchieren, und er könnte sein gesamtes Steuersystem unvergleichlich unbürokratischer und gerechter organisieren.

Eine Konsumsteuer müsste aber sozialverträglich organisiert sein. Unser Vorschlag wäre: Mehrwertsteuersätze von 1 bis 100 Prozent, gestaffelt nach einer zu definierenden Skala von »Grundbedürfnisse« bis »Luxus«.

Fragen & Antworten

Wie soll eine autarke Ernährungswirtschaft und damit eine Ernährungssicherung in Europa ohne Subventionen sichergestellt werden?
Die Konsumenten in Europa sind bereit, mehr für landwirtschaftliche Produkte zu bezahlen, die aus regionalem Anbau kommen. Dies zeigt deren Entwicklungskurve, seit das öffentliche Bewusstsein für ihre Vorteile geschärft wurde. Die Zeit ist reif für eine Wende zu ehrlichen Preisen für ehrliche Qualität.

Ist ein massiver Import von Nahrungsmitteln aus der ganzen Welt nicht auch ökologisch bedenklich?
Für eine funktionierende Umweltpolitik sind ökologisch ehrliche Preise absolut unumgänglich. Wie Ernst Ulrich von Weizsäcker schon vor mehr als 15 Jahren sagte: Die CO_2-Folgekosten müssen Bestandteil der Preise werden und beispielsweise bei den Transportkosten eingepreist werden.

Die Profiteure der derzeitigen Wettbewerbsverzerrungen haben kein Interesse an wettbewerbsneutralen Konzepten. Wie sind diese zu überzeugen?
Lobbyisten des Status quo gab es zu allen Zeiten. Die Pferdefuhrwerker haben sich im vorletzten Jahrhundert vehement gegen die Motorisierung gewandt. In offenen

und demokratischen Gesellschaften ist der Weg, solche Diskussionen, wo nötig, öffentlich zu führen. Dieses Buch führt bereits viele Argumente für wettbewerbsneutrale Ansätze auf, und die öffentliche Diskussion darüber wird sicher noch viele weitere aufzeigen.

Sollten Subventionen und Zölle als ein Instrument der Wettbewerbsverzerrung nicht komplett abgeschafft werden?
Subventionen sollten nur noch für einen Zweck eingesetzt werden: für die Einführungsphase besonders wertvoller Innovationen. Ein positives Beispiel hierfür ist das Energieeinspeisungsgesetz für erneuerbare Energie (EEG), das konsequenterweise nach dem erfolgreichen Marktanschub nunmehr zurückgefahren und in absehbarer Zeit abgeschafft wird. Zölle sollten gänzlich aufgehoben werden. Zwischen den reichen Ländern sind sie ohnehin bereits auf dem Weg der Eliminierung. Inzwischen sind Zölle fast nur noch Abschottungsinstrumente der reichen gegen die armen Länder und damit hochgradig unanständig.

Brauchen wir aufgrund der rasanten Globalisierung nicht ein internationales Kontrollgremium für die Einhaltung internationaler Standards in der Weltwirtschaft?
Eindeutig ja! Unser Vorschlag: Diese Aufgabe sollte bei der ILO angesiedelt werden. Allerdings sollte das letzte Wort zu globalen Regelungen bei den Vereinten Nationen liegen.

3 Die dritte Innovationssäule

Warum und wie soziale Innovationen zum bedeutenden Antrieb für die Zukunftsentwicklung von Wirtschaft und Gesellschaft weltweit werden

Die Bedeutung technologischer Innovationen ist jedem klar. Dasselbe gilt für digitale Innovationen. Doch wie sieht es mit sozialen Innovationen aus? Im Januar 2015 überraschte Bundeskanzlerin Angela Merkel bei einer Zukunftskonferenz im Bundeskanzleramt die 120 Teilnehmer aus 35 Ländern mit einer bemerkenswerten Feststellung: Ihr sei inzwischen klar geworden, dass soziale Innovationen für den Fortschritt jeder Gesellschaft genauso wichtig seien wie technologische.

Zwei Jahre zuvor hatte das Bundesministerium für Bildung und Forschung den Vorschlag des Berliner Genisis Institute aufgegriffen, die Thinktank-Konferenz »ITA-Forum«, die das Ministerium jedes Jahr mit den führenden deutschen Forschungseinrichtungen durchführt, unter das Motto »Soziale Innovationen als dritte Innovationssäule« zu stellen. Die kühne These machte schnell Karriere. Beim Forschungsgipfel von Kanzleramt und Stifterverband für die Deutsche Wissenschaft im Mai 2015 war bereits die Rede vom unumgänglichen gleichrangigen Zusammenspiel technologischer, digitaler und sozialer Innovationen. Doch was sind soziale Innovationen und weshalb sind sie so wichtig, insbesondere für unser Thema?

Soziale Innovationen sind Neuerungen, die den Einzelnen sowie menschliche Gemeinschaften in ihren Möglichkeiten, an der Gesellschaft teilzuhaben und sie mitzugestalten, stärken. Unter »sozialer Innovation« wird ein überraschend breites Spektrum verstanden wie beispielsweise Genossenschaften, Mikrokredite, Social Business, Social Media, Crowdsourcing, Co-Creation und Open Source. Aber auch wesentlich ältere Phänomene wie Aktiengesellschaften und Börsen, die mehr Menschen den Zugang zur Beteiligung an Unternehmen ermöglichten, gelten als soziale Innovationen, ebenso Sozialversicherung, Frauenemanzipation, Bürgerinitiativen, Grundeinkommen, Kindergarten, Nachhaltigkeit oder Ökologische Steuerreform, die den Menschen mehr Sicherheit, Entwicklungschancen und Partizipation eröffneten.

Lange Zeit waren derartige soziale Konzepte dem Feld des gesellschaftspolitischen Fortschritts, der Emanzipation und des Mündigwerdens der Bürger zugeordnet worden, aber dieser Blick auf derartige Entwicklungen griff zu kurz.

Erstmals wies der im ersten Jahrzehnt des neuen Jahrtausends weltweit renommierteste Innovationsforscher C.K. Prahalad darauf hin, dass »das schlichte Überleben von Unternehmen immer mehr davon abhängt, wie innovativ und erfolgreich sie die Probleme der Gesellschaft lösen«. An immer mehr Beispielen führte er den Nachweis, welche immensen Vorteile soziale Innovationen sowohl für die Masse der bisher benachteiligten Menschen haben als auch für die Wirtschaft. Soziale Innovationen sind Musterbeispiele für Win-win-Konstellationen. Und soziale Innovationen sind zugleich auch Treiber für technologische und digitale Innovationen sowie deren verstärkte Ausrichtung auf Ziele einer ökosozialen Marktwirtschaft.

Beispiel: Zugang zu Krediten

Der Gründer der Grameen Bank und spätere Friedensnobelpreisträger Muhammad Yunus gilt als der Hauptentwickler des Mikrofinanz-Konzepts. Seine genossenschaftlich organisierte »Bank für die Ärmsten« vergibt Kredite ausschließlich an jene Menschen, die über keinerlei Sicherheiten verfügen, also die Allerärmsten. Die Rückzahlungsquoten liegen bei dieser Personengruppe höher als bei allen anderen Schichten in jedem Land der Welt, konkret bei über 98 Prozent.

Die gut acht Millionen Kreditnehmerinnen der Grameen Bank in Bangladesch, die restlos alle weit unterhalb der von den Vereinten Nationen definierten Armutsgrenze lagen, als sie ihren ersten Kleinkredit erhielten, haben innerhalb weniger Jahre nahezu komplett die Armutsgrenze hinter sich gelassen. Sie starteten nahezu alle als Analphabeten, aber ihre Kinder besuchen bereits zu 100 Prozent die Schule, ein erstaunlich hoher Anteil sogar bis zum Hochschulabschluss. Die Frauen, die Mikrokredite erhielten, wurden in kürzester Zeit erheblich selbstbewusster, unabhängiger und beteiligten sich viel mehr an den Prozessen der Entscheidungsfindung nicht nur in ihren Familien, sondern auch in ihren Kommunen. Ihr Hygiene-, Gesundheits- und Umweltbewusstsein und vieles mehr veränderte sich rasend schnell und ebenso schnell und umfassend ihr Verhalten. Mikrokredite erwiesen sich als multiples Sozialentwicklungsprogramm und als Katalysator eines Empowerment-Aufbruchs, der alle Lebensbereiche umfasste.

Die Erfolgsgeschichte der sozialen Innovation Mikrokredite wurde vielfach beschrieben. Weltweit haben heute mehr als 250 Millionen Menschen Zugang zu Kleinkrediten. Einschließlich der Familien in der für die betroffenen Gesellschaftsschichten typischen Durchschnittsgröße bedeutet dies mehr als eine Milliarde Nutznießer.

Yunus sieht den Zugang zu Krediten als Menschenrecht. Jeder Mensch soll das Recht auf Mikrokredite haben, und zwar zu Konditionen, die für den Kreditnehmer tragbar sind. Als größte Fehlentwicklung sieht Yunus die Entstehung von Mikrofinanzbanken an, die in diesem neuen Geschäftsbereich die Möglichkeit zu lukrativen Geldanlagen seitens rein materiell orientierter Investoren sehen. Er plädiert entschieden für die Rechtsform von Genossenschaften bei Mikrokreditbanken, sodass die Kreditnehmer gleichzeitig die Inhaber der Bank sind. Wenn die Kreditnehmer den Kurs der Mikrokreditbank mitgestalten können, ist dies der beste Weg, um beide vor möglichen Fehlentwicklungen zu schützen. Die genossenschaftlichen Mikrofinanzbanken haben das Interesse, die Kreditvergabe so zu gestalten, dass die Zinsen möglichst niedrig sind, aber die Bank in ihrer Existenz dennoch bestens gesichert und unabhängig ist. Außerdem entscheiden bei Genossenschaftsbanken wie der Grameen Bank die Inhaber und Kreditnehmer gemeinsam darüber, ob die Bank Gewinne in weitere soziale Innovationen investieren oder an die Genossen Shareholder ausschütten soll. Mehr als 30 Jahre stimmten sie immer für die Investition in soziale Innovationen, die ihnen als weitere Beschleuniger für ihren Weg aus der Armut erschienen.

Nachfolgend einige Beispiele für weitere derartige Grameen-Unternehmen, die Muhammad Yunus als Social Businesses bezeichnet, als Unternehmen, deren Hauptziel nicht Gewinnmaximierung ist, sondern Nutzenmaximierung für deren Kunden. Dennoch fordert Yunus von allen Social-Business-Unternehmen, dass sie wirtschaftlich arbeiten, also auch Gewinne erzielen, von denen sie dann möglichst viel in die Erweiterung ihrer sozialen Leistungen investieren.

Beispiel: Zugang zu Mobiltelefonen

Als Muhammad Yunus westlichen Kommunikationsunternehmen vorschlug, den Ärmsten in seinem Heimatland Bangladesch den Zugang zu Mobiltelefonen zu ermöglichen, wurde er zunächst fast durchweg nur belächelt. Sie fragten, wie bitte schön Menschen, die weder mit Buchstaben noch Zahlen umgehen können, ein Mobiltelefon betätigen sollten.

Ein Unternehmen, die norwegische Telenor, ließ sich auf das Experiment ein – und bereute es nicht. Grameen Phone, das Gemeinschaftsunternehmen von Telenor und Grameen Telecom Corporation, einem Tochterunternehmen der Grameen Bank, ist heute das größte Unternehmen und der größte Steuerzahler in Bangladesch. Die Grameen Bank vergab Mikrokredite für den Kauf eines Handys an Frauen, die in ihren Dörfern Telefonminuten auf ebendiesem Handy verkauften. Die Nutzerinnen konnten sich so über die aktuellen Marktpreise für ihre Produkte informieren, wodurch sich die gekauften Telefonminuten problemlos für ihre wirtschaftlich-soziale Entwicklung rechneten.

Durch die Kombination von Mobiltelefonie und Mikrokredit eröffnete diese soziale Innovation den Telekommunikationsunternehmen weltweit einen völlig neuen Markt, den sie aus ihren Überlegungen bis dahin ausgeschlossen hatten. Durch den Einbau von Solarzellen wurden Mobiltelefone in allen Ländern, in denen es hinreichend Sonneneinstrahlung gab, unabhängig von klassischen Stromanschlüssen und damit uneingeschränkt einsetzbar. Für die Menschen, die auf diesem Weg Zugang zu moderner Kommunikation erhielten, eröffneten sich ganze Welten an neuen Optionen für einen Ausstieg aus dem Armutskreislauf. Diese Entwicklungsperspektiven wurden noch einmal beschleunigt mit dem Aufkommen der Smartphones. Ein Beispiel:

Grameen antwortete auf die katastrophale Unterversorgung bei Gesundheitsdienstleistungen in den weiten ländlichen Gebieten mit einem speziellen Ausbildungsprogramm für Dorfschwestern. Ärzte aus den Städten unterrichteten ausgewählte Dorfbewohnerinnen via Online-Learning per Mobiltelefon in gesundheitlichem Grundwissen. Sie ließen sich von den Anwendungen Bericht erstatten und bildeten die Schwestern so immer weiter fort. In nicht wenigen der komplizierteren Krankheitsfälle halfen Fotoaufnahmen von den betroffenen

Stellen, die die Dorfschwestern an die Ärzte sandten und diese dann schnell deuten und kommentieren konnten. In kürzester Zeit und mit verblüffend geringen Kosten konnte in weiten Regionen die Gesundheitsversorgung radikal verbessert werden. Der Aufbau ländlicher Gesundheitsstationen mit Krankenhäusern und Ärzten hatte sich hingegen als sehr teurer und auch aus weiteren Gründen sehr schwieriger Weg erwiesen, denn nur wenige Ärzte in Entwicklungsländern zeigen sich bereit, außerhalb der Städte zu leben. Die soziale Innovation von Gesundheitskursen für angehende Dorfschwestern eröffnete völlig neue Strategien der Gesundheitsversorgung in ländlichen Regionen der Entwicklungsländer und führte zu einer massiven Beschleunigung der Ausbreitung gesundheitlicher Dienste auf dem Land. Diese soziale Innovation wurde ermöglicht durch die soziale Innovation von Mikrokrediten für die technologisch-soziale Innovation von Smartphones, die sich automatisch mit der allgegenwärtigen Sonneneinstrahlung aufladen lassen.

Beispiel: Zugang zu Energie

Die Bedeutung des Zugangs zu Energie für die Chancen zu wirtschaftlicher und sozialer Entwicklung bedarf keiner großen Erläuterung. Den größten Wohlstandsschub fand einst auch Deutschland mit der Elektrifizierung. Und dies gilt für jedes Land der Welt. Doch der Bau von Überlandleitungen und anderen klassischen breitflächigen Energieversorgungsnetzen ist teuer. Bis heute sind die Lücken in der Energieversorgung in den Entwicklungs- und Schwellenländern erheblich. Vor allem die ländlichen Regionen bleiben bis heute weitgehend ausgespart, und in den rasant wachsenden Megastädten gibt es oft nur stundenweise Strom.

Solar-, Wind- oder Biomasseenergie sind auch ohne Überlandleitungen fast überall »vor Ort« organisierbar. Sie galten nur lange Zeit als zu teuer für arme Regionen. Ausgerechnet eine soziale Innovation eröffnete die Option auf schnelle und effektive Abhilfe.

Der deutsche Solarpionier Hermann Scheer sprach in den 1990er-Jahren mit Muhammad Yunus über dieses Thema. Scheer bot Yunus an, ihm bei der Beschaffung finanzieller Mittel aus internationalen und nationalen Entwicklungsprogrammen sowie von Stiftungen für den Aufbau eines Unternehmens für erneuerbare Energie zu helfen. Yunus musste vom Wert von Solar- und allen weiteren dezentralen erneuerbaren Energien für sein Heimatland wie für alle Entwicklungsländer nicht überzeugt werden: Die Haushalte würden Licht und den Strom für den Einstieg in die Nutzung arbeitserleichternder und deutlich wertschöpfenderer Geräte erhalten.

Yunus mochte jedoch die Vorstellung nicht, von Subventionen abhängig zu sein. Daher sann er über ein Social-Business-Konzept nach und schlug folgenden Weg vor: Es sollten Solar Home Systems entwickelt werden, die den absehbaren Bedarf eines Haushalts einer armen Familie gut abdecken und komplett autark sind. Den Familien sollte ein spezieller Mikrokredit angeboten werden, bei dem sie monatlich exakt den Betrag als Rückzahlung entrichteten, den sie bisher für die ihnen zugänglichen Energieformen – das war insbesondere Kerosin, der dreckigste und zugleich teuerste Energieträger – verwendet haben. Mit diesem Ansatz würde sich die Einführung von Solarenergie praktisch ohne jegliche Zusatzbelastung für die betreffenden Familien finanzieren lassen.

Das Konzept funktionierte. Grameen Shakti, das auf der Grundlage dieses Geschäftsmodells entstandene Energieunternehmen der Grameen-Unternehmensfamilie, installierte in Bangladesch bis heute mehr als zwei Millionen Solar Home Systems. Weitere Anbieter kommen noch einmal auf diese Zahl, sodass Bangladesch schon heute mit rund fünf Millionen autarken Solarenergieanlagen versorgt ist. Hinzu kommen mehrere Hunderttausend Wind- und Biogasanlagen.

Mit diesem Modell wurde entscheidend der Weg zur doppelten Energiewende in den Entwicklungs- und Schwellenländern bereitet: zum flächendeckenden Energiezugang und zur flächendeckenden Wende zu erneuerbaren Energien.

Am Beispiel der Solaranlagen lässt sich, neben dem Wert für die Entwicklungsregionen der Welt, auch der immense Wert kombinierter technologischer und sozialer Innovationen für klassische Industrieländer wie Deutschland sichtbar machen. Nicht nur wegen der Freundschaft zu Hermann Scheer wollte Yunus am liebsten deutsche Solartechnik für sein Solarprogramm. Er warb bei deutschen Solarunternehmen für entsprechende Kooperationen und beriet sie, wie sie ihre Anlagen auf die Verhältnisse in Bangladesch anpassen und dabei sogar Kosten reduzieren könnten. Doch die deutschen Unternehmen wollten sich lieber weiterhin auf die Premiummärkte und Großanlagen konzentrieren.

Sie erkannten nicht das gewaltige Marktpotenzial gerade der Märkte am unteren Ende der sozialen Pyramide. Das Geschäft mit Bangladesch und in der Folge mit allen anderen aufholenden Ländern machten daher in erster Linie chinesische Unternehmen. Wie wir heute wissen, war die Ignoranz gegenüber dem Vorschlag von Muhammad Yunus eine tragische Fehlentscheidung der deutschen Solarindustrie und mitverantwortlich für deren – vermeidbaren – Niedergang.

Die reiche Welt sozialer Innovationen

Seit einige zivilgesellschaftliche Organisationen den Blick auf den Wert sozialer Innovationen richten, blüht die besondere Szene von Initiatoren wie Muhammad Yunus mit ihren außergewöhnlichen Innovationsleistungen weltweit auf. Studenten und Gründer wollen plötzlich in Scharen Sozialinnovatoren und Sozialunternehmer werden. Serienweise liefen große Stiftungen in den Kreis der Förderer von sozialen Innovationen über. Die britische Regierung legte ein großes Förderprogramm für soziale Innovatoren auf, die amerikanische richtete unter Bill Clinton, dem ersten Politiker, der soziale Innovationen in ihrer Bedeutung erkannte, eine Stabsstelle für soziale Innovationen direkt im Weißen Haus ein, und die EU startete ein 100-Millionen-Euro-Programm für Social Businesses, die auf der Grundlage sozialer Innovationen arbeiten. Und inzwischen entdecken auch immer mehr Unternehmen den Wert, den soziale Innovationen für ihre ureigensten Kernanliegen darstellen.

Als erste Organisation konzentrierte sich Ashoka auf die Entdeckung und Förderung bedeutender sozialer Innovatoren. Die von dem ehemaligen McKinsey-Berater Bill Drayton ins Leben gerufene Organisation identifizierte bis heute weltweit mehr als 3500 solcher Pioniere und machte sie zu »Ashoka Fellows«. Diese erhalten über Jahre hinweg intensive Begleitung beim Ausbau ihrer sozialen Innovation, bei der weitest möglichen Skalierung ihres Impacts, also ihrer Veränderungswirkung in der Gesellschaft, und bei der professionellen Weiterentwicklung ihrer Organisation in Richtung möglichst unabhängiger Finanzierung und selbsttragender sozialer Geschäftsmodelle. Ashoka, Genisis Institute und immer mehr Einrichtungen widmen sich der Aufgabe, eine eigene weltumspannende Infrastruktur zur Förderung sozialer Innovationen aufzubauen.

Welche volkswirtschaftliche Bedeutung soziale Innovationen inzwischen haben, zeigen folgende Zahlen aus einer Studie, die gemeinsam von McKinsey und Ashoka im *Harvard Business Review* veröffentlicht wurde: Im Bereich Fair Trade machten sozial innovative Unternehmen und Einrichtungen im Jahr 2013 weltweit bereits Umsätze in der Größenordnung von 4,8 Milliarden US-Dollar, im Bereich Carsharing von 5,6 Milliarden – mit 35 Prozent jährlichem Wachstum –, im Bereich Peer-to-Peer Lodging von zehn Milliarden, im Bereich Online-Education von 35 Milliarden, im Bereich Green Energy von 47 Milliarden allein in Deutschland, im Bereich Organic und Slow Food von 62 Milliarden und im Bereich Mobile Banking von 600 Milliarden.

Die Studie identifizierte als die besonderen Merkmale dieser neuen Art von sozialunternehmerischen Marktakteuren mit Namen wie Wikimedia, Khan Academy, Elektrizitätswerke Schönau, CouchSurfing, Slow Food, Kiva, Grameen oder Aravind:

Jeder wird zum Marktakteur. Die Masse bleibt nicht mehr nur in der Rolle der Konsumenten, sondern wird selbst zum Mobilitätsanbieter, Hotelier, Energieproduzenten, Banker etc.

Märkte entstehen jenseits von Eigeninteressen. Der neue Generator neuer Märkte ist die Welt der Gemeinwohlinteressen und der »Collaborative Commons«, wie der Zukunftsforscher Jeremy Rifkin das Wesen dieser neuen Entwicklung zu fassen versucht.

Die Grenzen von For-Profit und Non-Profit lösen sich auf. Hybride Geschäftsmodelle und Finanzierungsformen, in denen For-Profit und Non-Profit nicht länger als Entweder-Oder gesehen werden, schaffen eine neuartige Infrastruktur, neue Ökosysteme für Social Businesses.

Dass Unternehmen heute gezwungen sind, die Orientierung auf soziale Ziele und soziale Innovationen ernst zu nehmen, zeigt das Beispiel des renommierten klassischen Lexikons Brockhaus: Aufgrund des durchschlagenden Erfolgs des digitalen Lexikons Wikipedia stellte Brockhaus seinen Betrieb 2014 ein.

Wie erfolgsbringend sich Unternehmen auf die Arbeit mit sozialen Innovationen einstellen können, zeigt hingegen das Beispiel von Cisco Systems, einem der führenden Anbieter von IT-Infrastruktur. Cisco gründete 1997 die Cisco Networking Academy, die kostenfrei Online-Learning-Kurse für die Aneignung von Kompetenzen im Umgang mit IT-Systemen anbietet. Die Networking Academy avancierte in kurzer Zeit zur größten Online-Learning-Einrichtung der Welt. Insbesondere junge Menschen aus Schwellen- und Entwicklungsländern erwerben dort hochwertige Abschlüsse samt Zertifikaten über ihre IT-Kompetenzen – inzwischen sind es mehr als 900 000 Absolventen pro Jahr. Damit leistet Cisco den zugleich wertvollsten und effizientesten Beitrag zur Überwindung der digitalen Spaltung der Welt – und legt zudem die Grundlage für die künftigen Nachfrager seiner Produkte und Dienstleistungen. Cisco ist nicht zuletzt aufgrund dieser sozialen Innovation eines der erfolgreichsten Unternehmen der Welt geworden.

Ein anderes Beispiel sind die Aravind-Kliniken in Indien. Ihre Geschäftsidee war, im Gesundheitsbereich radikale Innovationen zu entwickeln, mit denen sie Gesundheitsdienstleistungen zu drastisch niedrigeren Kosten anbieten und besonders armen Klienten sogar schenken können. Die Aravind-Kliniken starteten mit Operationen von Grauem Star. Diese Erkrankung entsteht insbesondere durch schlechte und falsche Ernährung und ist in Indien daher ein Massenphänomen. Aravind konnte durch die Konzentration auf radikale soziale wie auch technologische Innovationen die Kosten um den Faktor 20 reduzieren. Das Unternehmen entwickelte dabei eine derart gute Qualität, dass heute selbst reiche Amerikaner nach Indien in eine Aravind-Klinik kommen, um ihren Grauen Star entfernen zu lassen. Aravind ist heute einer der erfolgreichsten Innovationsentwickler im Gesundheitswesen weltweit und auf mehreren Gebieten Weltmarktführer.

In Deutschland schloss Boehringer Ingelheim daraus, dass seine Entwicklungsabteilung dringend von der offensichtlich so reichhaltigen Welt sozialer Innovatoren lernen muss. So entstand ein umfassendes Kooperationsprogramm von Boehringer Ingelheim mit Ashoka Fellows weltweit.

Wie viele zukunftsweisende soziale Innovationen es tatsächlich weltweit gibt, könnte vielleicht eine Wiki-Initiative zeigen, über die die weltweite Community sozial engagierter Menschen alle sozialen Innovationen identifizieren und für alle zugänglich dokumentieren könnte. So viel steht jedoch fest: Kaum ein Thema lockte in so kurzer Zeit so viele hoch motivierte und in der Regel bestens ausgebildete junge Menschen an wie soziale Innovationen.

Mit einem globalen Mindestlohn kann sich die Zahl der Menschen, die sich die Segnungen sozialer Innovationen unmittelbar aus selbst verdientem Geld leisten können, in kurzer Zeit vervielfachen. Soziale Innovationen, aber auch technologische und digitale würden einen unabsehbar großen Schub erhalten, der die weltweiten Entwicklungen in allen Bereichen und allen Ecken der Welt massiv voranbringen würde.

Globaler Mindeststundenlohn als globales Konjunkturprogramm für soziale Innovationen

Die angeführten Beispiele haben das immense Potenzial sozialer Innovationen für die Beschleunigung und zugleich für die nachhaltige Gestaltung aufholender Entwicklung in der Welt aufgezeigt. Das beste Förderprogramm für diese Entwicklung stellt die Etablierung eines globalen Mindeststundenlohns dar.

Solar Home Systems und Mobiltelefone oder Smartphones in Kombination mit Mikrokrediten erreichen trotz ihrer Erfolge noch immer nur einen viel zu kleinen Teil der Menschen, für die sie eine fundamentale Wende ihrer Lebenssituation bringen würden. Vor allem die Allerärmsten schaffen bisher nicht den Einstieg in Kreditverträge, um sich Solar Home Systems etc. schnell anschaffen zu können. Ein globaler Mindeststundenlohn von 1 Dollar würde diesen Weg fast über Nacht allen Menschen zugänglich machen. Ein globaler Mindestlohn, der in sich selbst eine soziale Innovation par excellence darstellt, würde den ohnehin schon enormen Aufholturbo aller anderen sozialen Innovationen in den Armutsregionen der Welt um ein Vielfaches verstärken.

Neben dem offensichtlichen Wert für die betroffenen Menschen seien hier noch einmal die weiteren Effekte angesprochen: Ein globaler Mindeststundenlohn wäre ein hocheffizientes Konjunkturprogramm für die Hersteller all jener technologischen Geräte, die Menschen aus der Armutsfalle befreien. Durch die dann größeren Stückzahlen würden sich die Herstellungskosten und damit die Marktpreise auch in den Industrieländern weiter senken, also würden sogar wir von den Effekten eines globalen Mindeststundenlohns profitieren. Der plötzliche Meganachfrageboom aus den Entwicklungsländern in Bezug auf Solar Home Systems und andere erneuerbare Energien kann die weltweite Energiewende endlich im notwendigen Maß beschleunigen. Wie wichtig das Nachfragevolumen für die Weiterentwicklung der Technologien in diesen Bereichen ist sowie für die Reduktion der Stückkosten und Marktpreise, dafür lieferte die IT-Branche in den vergangenen zehn bis 15 Jahren reichliches Anschauungsmaterial.

Ein globaler Mindeststundenlohn ist der beste Entwicklungsbeschleuniger insbesondere für soziale Innovationen, und zwar zum Nutzen *aller* Menschen weltweit.

Fragen & Antworten

Sind soziale Aufgaben nicht vor allem staatliche Aufgaben, und entheben soziale Innovationen nicht den Staat seiner hoheitlichen Kernaufgabe?

Gegenfrage: Was spricht dagegen, wenn soziale Innovatoren Wege aufzeigen, wie staatliche Aufgaben wesentlich besser und gleichzeitig deutlich günstiger erfüllt werden können? Und was spricht dagegen, dass Staaten diese besseren Konzepte entweder nachmachen oder einkaufen? Der Staat war noch nie ein besonders guter Innovator. Er erhält durch das Aufblühen sozialer Innovationen nunmehr die Gelegenheit, das Entwickeln und Erproben neuer Ideen hoch motivierten und kreativen Leuten zu überlassen. Er kann dann die besten Ideen einfach aufgreifen und unterstützen. Für alle wichtigen und wertvollen sozialen Bedarfe wird es nie genügend Geld geben, also wird der Staat nie aus seiner Aufgabe entlassen, staatliche Einnahmen zum besten Wohl seiner Bürger einzusetzen. Aber es ist sinnvoll, wenn der Staat schrittweise vom Status eines gigantischen und meist besonders bürokratischen Sozialdienstleistungskonzerns zum Financier der ausgesucht besten Sozialdienstleister mutiert.

Wenn soziale Innovationen wie Kleinkredite zu wirtschaftlichem Wachstum führen, geht dies nicht auf Kosten ökologischer Ziele?
Die Beispiele von Grameen Bank und Grameen Shakti, dem Unternehmen für die flächendeckende Verbreitung erneuerbarer Energien in den Armutsmärkten, sind nur ein Beleg für das erfreuliche allgemeine Phänomen, dass soziale Innovatoren fast durchgängig eine besonders hohe ganzheitliche Motivation haben. Sie denken die wirtschaftlichen, die sozialen und die ökologischen Aspekte der Entwicklung so konsequent wie möglich zu Ende. Soziale Innovatoren sind also in aller Regel gleichzeitig radikale ökologische Innovatoren.

Dies trifft deshalb noch lange nicht auch für die Nutznießer von Kleinkrediten zu. Wie sieht es da aus?
Natürlich kann man Kleinkreditnehmern schlecht vorschreiben, dass sie ihre Kredite oder die auf Kredit gekauften Kommunikationsgeräte nur für ökologisch sinnvolle Projekte, Produkte und Herstellungsweisen einsetzen dürfen. Andererseits sind Menschen, die endlich eine Chance zur Überwindung ihrer Armut erfahren, besonders offen für ökologisches Denken und Handeln.

4 Der digitale Turbo

Warum und wie digitale Innovationen zum großen Beschleuniger aller anderen Innovationen und Entwicklungen werden

2014/2015 eroberte das Thema »Industrie 4.0« die Agenden in Politik und Wirtschaft in Europa. Man fühlte sich von zwei Seiten in seiner Weltstellung bedroht: auf der einen Seite durch die neue digitale Dynamik der schnell erholten USA beziehungsweise ihrer offensichtlich welterobernden digitalen Unternehmen wie Apple, Google, Facebook, Uber & Co., auf der anderen Seite durch den enormen Aufschwung aufholender Länder wie China, Indien oder Brasilien. Thomas Sattelberger, der Personalchef bei Continental, Daimler, Lufthansa und Deutscher Telekom war, bezeichnete die Lage der europäischen Industrieländer, voran Deutschlands, als Sandwich-Position zwischen dem globalen »Maschinenhaus« China & Co. und dem globalen »Digital House« von Silicon Valley & Co. Als angemessene Antwort auf den akuten Handlungsdruck sah man eine eigene Offensive der klugen Verknüpfung von technologischen und digitalen Innovationen.

Ist dies die Lösung, die Europa die erhoffte neue, weiterhin starke Rolle in der Welt verschafft? Die Protagonisten von Industrie 4.0 beziehen sich in ihrer Argumentation auf Jeremy Rifkin. In seinem 2014 erschienenen Buch »Die Null-Grenzkosten-Gesellschaft« umreißt Rifkin die weltverändernde Kraft des »Internets der Dinge«: »Das Verschmelzen des Kommunikationsinternets mit einem eben in der Entwicklung begriffenen Energie- und Logistikinternet zu einer nahtlosen intelligenten Infrastruktur des 21. Jahrhunderts – dem Internet der Dinge – hat eine Dritte Industrielle Revolution eingeleitet. Dieses Internet der Dinge fördert jetzt schon die Produktivität in einem Maße, dass die Grenzkosten vieler Güter und Dienstleistungen nahezu null sind, was sie praktisch kostenlos macht. Die Folge davon ist, dass die Profite wirtschaftlicher Unternehmen auszutrocknen beginnen, Eigentumsrechte ausgehöhlt werden und eine auf Knappheit gegründete Ökonomie langsam einer Ökonomie des Überflusses Platz macht.«

Europa und insbesondere Deutschland sind technologisch stark, aber digital eher Mittelmaß. Der Versuch, den technologischen Vorsprung durch eine digitale Offensive sichern zu wollen, liegt daher nahe, entspricht jedoch nicht den Empfehlungen Rifkins. Vielmehr sieht er für die Zukunft Europas sehr gute Chancen auf dem Feld des aufkommenden Internets der Dinge, also in der Verknüpfung von technologischen und digitalen Innovationen. Diese Chancen gründen auf *zwei* europäischen Stärken: einerseits der gewachsenen Kraft für technologische Innovationen samt einer starken technologieförderlichen Infrastruktur und andererseits der Tradition und Konstitution einer starken sozialen Marktwirtschaft.

Nach Rifkin haben die amerikanischen IT-Riesen Google & Co. zwar wichtige digitale Pionierleistungen erbracht und darauf – begünstigt durch das radikalliberale Verständnis von Marktwirtschaft in den USA – beinahe weltweite Monopole errichten können, aber er sieht diese Beinahemonopole auf digitale Schlüsselinnovationen nicht als nachhaltig an. Sie werden letztlich zum Scheitern verurteilt sein, weil freiheitsliebende und sozial verantwortungsvoll denkende Bürger die offene gemeinschaftliche Entwicklung und Weiterentwicklung von grundlegender digitaler Technologie als ein Gemeingut sehen – wie Luft und Wasser und Straßen – und daher längst an einem erfolgreichen Gegenmodell arbeiten: an offenen Quellcodes, an quelloffenen Innovationen, also einem Open Source Internet. Im digitalen Zeitalter müssen die digitalen Grundlagen Gemeingut sein statt Monopolgut. Rifkin plädiert dafür, dass sich Europa in aller Eindeutigkeit auf dieser Seite positioniert, denn dieses Verständnis der Grundlagen der digitalen Welt ist synchron mit dem europäischen Verständnis, das der sozialen statt der neoliberalen Marktwirtschaft den Vorzug gibt: Eine soziale Marktwirtschaft überlässt die Lebensgrundlagen nicht Monopolisten, sondern sichert ihre freie Nutzung durch alle und damit zum Wohle aller.

Mit dieser Grundentscheidung wäre Europa gleichzeitig auf der Seite sozialer Innovationen am stärksten aufgestellt, denn Open Source ist in sich selbst eine soziale Innovation, genau genommen eine sozial-digitale Innovation. Beide Szenen verschmelzen gerade zu einer großen neuen gemeinwohl- und kooperationsorientierten Szene, die das Berliner Genisis Institute mit den Namen

»WeQ« versah – WeQ im Sinne der Orientierung an Wir-Qualitäten anstatt nur an IQ: Ich-Qualitäten und Ich-Denken. Europa sollte seine soziale Tradition und seine Identität als soziale Marktwirtschaft im digitalen Zeitalter dahingehend ausweiten, *Pionierregion für soziale und digitale Innovationen* zu werden. Aber es muss die klare Entscheidung für diese Position treffen und zügig umsetzen, um die Chancen des digitalen Zeitalters jenseits von Monopolen nutzen zu können – durch und für eine starke Zivilgesellschaft und ebenso durch und für eine starke und vielfältig aufgestellte Wirtschaft.

Die Zukunft wird entsprechend den Analysen des Genisis Institute nicht in einem verkürzten Verständnis von Industrie 4.0 liegen, sondern in der *Verknüpfung* von *technologischen, digitalen und sozialen Innovationen*. Das Institut schlug daher den Begriff »Innovation 4.0« als Alternative vor. Die bisherigen digitalen wie sozialen Innovationen haben die Partizipationsmöglichkeiten der Menschen jetzt schon in nahezu allen Bereichen radikal ausgeweitet. Aber dies war nur der Anfang eines tief greifenden Kulturwandels, der gekennzeichnet ist vom universellen Prozess der Partizipation und des Empowerments letztlich aller Menschen: Wir bewegen uns kollektiv in Richtung aktiver Mitwirkung aller Menschen in allen Bereichen der Gesellschaft, in Richtung Orientierung auf Kooperation als der intelligenteren Form des Austauschs und in Richtung gemeinsames Lernen und gemeinsames Ausrichten auf das Gemeinwohl als der intelligentesten Form der Zukunftsgestaltung im besten Interesse aller:

»Eben erreicht eine neue Generation die Mündigkeit, die mithilfe eines höheren Maßes an sozialer Einbettung ein höheres Maß an unternehmerischer Selbstbestimmung gewonnen hat. Es kommt keineswegs überraschend, dass die Besten und Gescheitesten der Millenniumsgeneration sich als ›Social Entrepreneurs‹ sehen. Für sie sind ›unternehmerisch‹ und ›sozial‹ kein Widerspruch mehr, sondern eine Tautologie«, scheibt Rifkin. Ein dezentrales, vernetztes, auf Quelloffenheit aufgebautes Internet der Dinge bedeute nichts weniger als »die Demokratisierung von Kommunikation, Energie und Logistik« und »die Ermächtigung von Milliarden von Menschen«.

Die digitale Bildungsrevolution

Wie fundamental die Veränderungen sind und wie radikal das Beschleunigungstempo jener, die auf digitalen Innovationen basieren, lässt sich am besten am Beispiel der Bildungsrevolution zeigen, die sich derzeit vollzieht.

Das Internet, genauer das Kommunikationsinternet, machte das Weltwissen in seinen billionenfachen Verästelungen in kürzester Zeit praktisch der gesamten Menschheit zugänglich. Die Voraussetzungen für diesen universellen Wissenszugang sind minimal:

- eine digitale Infrastruktur für den Zugang zum Internet,
- ein Gerät, das den persönlichen Zugang zum Internet ermöglicht,
- die persönliche Kompetenz zum zumindest grundlegenden User-Umgang mit dem Internet

- und schließlich: die möglichst gute Aufbereitung grundlegenden Wissens und Wissensverständnisses im Internet.

Eine weltumspannende digitale Infrastruktur ist bereits auf einem sehr guten Weg: Das Interesse der Wirtschaft, der Zivilgesellschaft und der Politik ist bald überall klar und stark genug, um diese Aufgabe in absehbarer Zeit auf einen optimalen Stand zu bringen; selbst für Afrika entsteht bereits durch vorausschauende Investoren die Infrastruktur für ein flächendeckendes digitales Netz. Die noch erforderlichen weiteren Investitionen in diese Grundvoraussetzung sind überschaubar. Google und Facebook stellten im Sommer 2015 technische Lösungen vor, mit denen auch die restlichen bisher noch nicht funktechnisch erschlossenen Gebiete des Erdballs in das globale Netz eingeschlossen werden können.

Der universelle Zugang zu Geräten, die für alle Menschen das Recht auf digitale Teilhabe verwirklichen, wird durch immer neue und ambitioniertere Initiativen angegangen. Der Initiative für einen 100-Dollar-Laptop für jedes Kind folgte eine weitere für ein noch weitaus günstigeres Tablet und schließlich eine dritte für ein Smartphone für alle für unter 20 Dollar. Und dies wird sicher nicht das Ende des Preisverfalls und der Initiativen für das Recht aller auf derartige Geräte sein.

Auch neue Konzepte zur universellen Verbreitung der notwendigen User-Kompetenzen schießen jeden Tag überall in der Welt aus dem Boden. In Indien führte eine Gruppe von Wissenschaftlern dazu einen besonders originellen Test durch. Sie installierten in Slums an öffentlich zugänglichen Stellen einen Flachbildschirm in einer Wand, der wie ein Tabletcomputer funktionierte. Er stellte Zugänge zu den unendlich vielen Seiten des Wissens im Internet bereit, aber keine besondere Anleitung, wie man diese nutzen könnte. Das Ergebnis: Die Schüler und Jugendlichen dieser Gegenden fanden ihren ganz eigenen Weg heraus, wie sie dieses »Hole in the Wall«, wie das Projekt getauft wurde, handhaben können. Sie bedienten sich des Angebots erstaunlich fokussiert für den Erwerb von Wissen, und sie halfen sich gegenseitig bei der Erweiterung ihrer User-Kompetenzen. Dieses Experiment bestätigt eine grundlegende Erfahrung in Sachen digitaler Entwicklungen: Das effektivste Lernen bezüglich Handhabung und Weiterentwicklung findet als Peer-to-Peer-Learning statt, also als Lernen voneinander im Austausch unter Freunden, Gleichaltrigen oder Mitgliedern der Community, in der man lebt und sich bewegt. Das universelle Erlernen von User-Kompetenzen wird zwar auf unterschiedliche Weise erfolgen, aber es stellt keine allzu große Herausforderung dar, dass dies jeder Mensch lernen wird.

Verbleibt die letzte Frage: Wie kann Online-Learning für alle optimal aufgesetzt werden, wie können sich Programme entwickeln, die es allen Menschen der Welt erlauben, möglichst leicht und umfassend und mit tunlichst gründlichem Tiefenverständnis und praktischem Anwendungsverständnis Wissen zu erwerben?

Selbst für diese Aufgabe wurde die wesentlichste Pionierleistung bereits erbracht. Ein indischstämmiger Amerikaner namens Salman Khan wurde von einer verwandten Schülerin gefragt, ob er ihr nicht Nachhilfe in Mathematik geben könne. Als Investmentbanker verstand Khan berufsbedingt einiges von Mathematik. Da persönliche Treffen schwer möglich waren, weil beide in weit voneinander entfernten Städten lebten, schlug Khan vor, dass er die gewünschten mathematischen Erläuterungen zu Hause auf Video aufzeichnen und dann ins Netz stellen würde. Dann könnten sich auch die Freunde des Mädchens und weitere Menschen die Erklärvideos ansehen.

Salman Khan war zwar kein ausgebildeter Pädagoge, aber offenbar ein begnadetes Naturtalent, was die für möglichst jeden leicht verständliche Darstellung von Lerneinheiten via Internet-Videos anging, die er aus grundsätzlichen Erwägungen immer auf zehn Minuten begrenzte. Im Laufe weniger Jahre stellte Salman Khan nicht nur Lernvideos zu praktisch allen Wissensgebieten der Mathematik ins Netz, sondern zu immer neuen Disziplinen im Wissensuniversum. Inzwischen sind es weit mehr als 3000 Lernvideos, die Khan persönlich aufgenommen und auf seiner Lernplattform Khan Academy online gestellt hat. Für mittlerweile weit mehr als zehn Millionen permanente Online-Schülerinnen und -Schüler wurde Khan zum Lieblings- und Universallehrer.

Wissenschaftliche Studien ergaben, dass seine zehnminütigen Erklärungen zu einem besseren Verständnis des jeweiligen Stoffes führen als der traditionelle Schulunterricht in einer 45-minütigen Lerneinheit. Nachdem Bill Gates das revolutionäre Lernprogramm der Khan Academy kennengelernt hatte, bot er seine finanzielle Unterstützung an, um es weiterzuentwickeln und zudem in möglichst viele Sprachen und Kulturräume zu übertragen. Eine Erweiterung waren die Entwicklung und der Einbau von Übungen, durch die jeder für sich feststellen konnte, wie gut er das gelernte Wissen verstanden hat und anwenden kann. Das Programm gibt dem Übenden sofort Rückmeldung über den Stand des Lernerfolgs und woran es wohl gelegen hat, dass er diesen oder jenen Fehler gemacht hat. Es verweist dann auf die Lerneinheiten, die er sich ansehen sollte, um die Verständnislücken zu schließen.

Der Erfolg dieser Pionierarbeit von Salman Khan inspirierte Menschen weltweit, an der digitalen Bildungsrevolution aktiv mitzuwirken. Immer mehr und immer bessere Online-Lernsysteme schossen aus dem Boden. Eine Open-Learning-Bewegung entstand.

Für universitäres Wissen entwickelte sich eine sogenannte MOOC-Bewegung (MOOC = Massive Open Online Courses). Pionier in diesem Feld war Sebastian Thrun, einer der Mitgründer und kreativsten Köpfe von Google, der das Projekt Udacity ins Leben rief. Auf der gleichnamigen Plattform wurden zunächst Vorlesungen renommierter Professoren online gestellt und damit für jeden Menschen offen zugänglich gemacht. Inzwischen wurde das Angebot um Hausaufgaben und Tests erweitert. Durch die MOOC-Bewegung kann sich bald jeder jedes noch so spezielle und elitäre Wissen aneignen. Man muss also nicht mehr die für die meisten Menschen unerschwinglich teuren Studiengebühren einer Harvard University bezahlen, um Harvard-Vorlesungen hören und an Harvard-Seminaren teilnehmen zu können. Sehr vieles von dem dort gelehrten Wissen gibt es nunmehr entweder komplett kostenfrei oder gegen Gebühren, die bei einem winzigen Bruchteil bisheriger Elitestudiengänge liegen.

Salman Khan stellte seine Arbeit unter das Motto

»*weltbeste* Bildung für alle«, »Worldclass Education for All«. Er erklärte dies zu der neuen Stufe des Menschenrechts auf Bildung im digitalen Zeitalter. Die Einlösung dieses Menschenrechts ist heute sehr viel leichter zu erreichen als das bisherige, vorgelagerte allgemeine »Recht auf Bildung«.

Auf der Grundlage der hier umrissenen Perspektiven der Open-Learning-Bewegung eröffnete sich die Chance zu einer zweiten und letztlich noch viel wichtigeren und wertvolleren Bildungsrevolution. Man könnte diese, in Abgrenzung zur digitalen, als *analoge* Bildungsrevolution bezeichnen. In ihr lernen die Menschen jene Schlüsselkompetenzen, mit denen sie erworbene Wissensinhalte und das Verständnis darüber, wie die Dinge der Welt miteinander zusammenhängen, kreativ und lebenspraktisch und schließlich auch unternehmerisch erfolgreich anwenden können. Der zeitliche Freiraum für die Aneignung dieser Kompetenzen zu schöpferischen Wissensanwendungen ergibt sich aus dem Erfahrungswert, dass die traditionelle Wissensaneignung einer Unterrichtslektion nur noch zehn statt bisher 45 Minuten in Anspruch nimmt. Es bleiben also 35 Minuten übrig für eine andere Art von Lernen, die im nächsten Kapitel das Thema sein wird. Diese neue Realität hat bereits ihren Namen gefunden, sie wird »Flipped Classroom« genannt, also »umgedrehter Klassenraum«: Das eigentliche Wissenslernen erfolgt entweder zu Hause oder sonst irgendwo auf digitaler Basis. In der Schule finden praktische Übungen und Anwendungen des Wissens statt, also das, was man bisher als »Hausaufgaben« bezeichnete oder erst viel später »im Leben« lernen konnte, sprich in beruflichen Anwendungen.

Beispiele weiterer digitaler Entwicklungsbeschleuniger

Der digitale Turbo wirkt nicht nur im Bildungsbereich. In einem Bereich nach dem anderen findet eine digitale Revolution statt. Die weiteren hier angesprochenen Beispiele können die Universalität und Veränderungskraft nur grob andeuten.

Im Energiesektor läutete eine Bürgerinitiative im baden-württembergischen Schönau die digitale Energierevolution ein. Ursula Sladek und andere Schönauer Bürger wollten einen Weg finden, nur noch Elektrizität aus erneuerbaren Energiequellen zu nutzen. Sie gründeten die Genossenschaft Elektrizitätswerke Schönau, kurz EWS. Ihr Konzept: ein wirtschaftlich tragfähiger Preis für ihren Strom, verbunden mit dem Versprechen, dass dieser Strom aus erneuerbaren Energiequellen stammt. Mithilfe digitaler Plattformen lassen sich solche Energiegenossenschaften nicht mehr nur auf lokaler Ebene, wo man sich persönlich kennt und in Kontakt miteinander steht, leicht organisieren, sondern weltweit. Die EWS hat durch die Einführung einer digitalen Energieplattform inzwischen bundesweit weit mehr als 150 000 Kunden – mit hohen jährlichen Wachstumsraten. Ihr Konzept wird in vielen deutschen Kommunen und inzwischen auch weltweit nachgeahmt. Der Anteil dieser Art erneuerbarer Energien lag 2015 in Deutschland bereits bei 25,8 Prozent. Die EWS setzte letztlich das um, was im Kontext des »Internet of Everything« als das Energieinternet bezeichnet wird.

Das Berliner Unternehmen Micro Energy arbeitet

daran, das Grundkonzept von Grameen Shakti, also die Verbreitung von Solarenergie- und anderen nachhaltigen Energiesystemen in Entwicklungsländern, deren dezentrale Installationen durch Mikrokredite finanziert werden, mit digitalen Innovationen zu verknüpfen. Noch steckt dies eher in den Anfängen, aber in sehr verheißungsvollen. In Indien erreichte ein grün-soziales Energieunternehmen namens Gram Power, dass der indische Staat die Ausweitung seiner Mikrostromnetze auf 100 000 Haushalte fördert.

Die großen traditionellen Energiekonzerne haben zwischenzeitlich verstanden, dass sie ihre bisherige Geschäftspolitik radikal infrage stellen und umbauen müssen. Sie müssen schnell von den – noch – kleinen grün-digitalen Konkurrenten lernen.

Auch die soziale Innovation des Mikrokredits wird durch digitale Mikrofinanzansätze noch einmal erheblich ausgeweitet. Nicht-digitale Mikrofinanzeinrichtungen kamen bereits auf weltweit weit mehr als 100 Milliarden Dollar Finanzierungsvolumen. Durch digitale Mikrofinanzkonzepte hat sich diese Summe vervielfacht. Immer mehr Mikrofinanzunternehmen wie Kiva und Smava bauen starke digitale Elemente in ihr Konzept ein. Digitale Lösungen sind, das muss gerade an dieser Stelle gesagt werden, keineswegs per se bessere Lösungen. Welche Konzepte klug und insbesondere auch sozial sinnvoll sind bei gleichzeitiger Nutzung digitaler Instrumente, muss immer im Einzelfall geprüft werden.

Deutschland ist in viel mehr Bereichen für die Entwicklung eines »Internet of Everything« gut aufgestellt, als dies die meisten vermuten würden. Zehn deutsche Firmen sind beispielsweise bei der Entwicklung des 3-D-Drucks Unternehmen in anderen Ländern weit voraus. 3-D-Druck gilt als die revolutionärste unter den bisher bekannten digitalen Entwicklungen, weil 3-D-Drucker potenziell jeden Menschen zum Produzenten machen. Die MINT-Initiative, die in Deutschland das Interesse an **M**athematik, **I**ngenieurswesen, den **N**aturwissenschaften und **T**echnologie fördern möchte, startete 2015 eine Initiative zur Gründung von »MAKER-Garagen« an möglichst vielen Orten, in denen ein tunlichst multiples Spektrum an Tüftlern nicht zuletzt mit 3-D-Druckern experimentieren soll.

MAKER-Garagen funktionieren auch in Entwicklungsländern bestens. Marcin Jakubowski, ein Absolvent der Princeton University und sozial motivierter Erfinder im 3-D-Bereich, prüft derzeit die serienweise Gründung von MAKER-Garagen in den heutigen sozialen Brennpunktregionen der Welt. Thomas Sattelberger sieht in dem Grundkonzept der MAKER-Garagen die möglicherweise neuen Klassenräume einer völlig veränderten Bildungslandschaft.

Ein Entwicklungsbeschleuniger der besonderen Art ist ein ungewöhnliches Konferenzformat namens Hackathons (eine Begriffsverschmelzung von »Hacker« und »Marathons«). Ursprünglich kamen bei Hackathons fast nur Hacker zusammen, die Spaß daran hatten, ihre Fähigkeit zu schnellem Konzipieren und Programmieren von Apps für die Lösung sozialer Probleme einzusetzen. Nach der Tsunami-Katastrophe in Südostasien entwickelten sie beispielsweise aus dem Stand eine App für ein Frühwarnsystem bei künftigen Tsunamis. Inzwischen werden weltweit Hackathons veranstaltet, teils für kommerzielle Zwecke, aber weiterhin auch viele für soziale Ziele. Ihr Konzept änderte sich in jüngster Zeit dahingehend, nicht nur Hacker einzuladen, sondern ebenso Designer, Konzeptionisten, Gründer und Mitarbeiter von Kommunen, Stiftungen und Unternehmen. Die Ergebnisse von Hackathons beinhalten weiterhin starke digitale Komponenten, verbinden diese aber mehr als zuvor mit sozialen Ansätzen und unternehmerischen oder sozialunternehmerischen Umsetzungsperspektiven. Sie sind, ebenso wie der verwandte Ansatz des Design Thinkings – dazu später mehr –, Brutstätten für die intelligente Verknüpfung technologischer, digitaler und sozialer Innovationen.

Globaler Mindeststundenlohn als universeller Entwicklungsbeschleuniger

Cisco Systems prognostiziert bereits für das Jahr 2022 Kostenersparnisse in Höhe von 14,4 Billionen Dollar durch die bis dahin umgesetzten Formen des Internet of Everything. Eine Studie von General Electric schätzt die Zugewinne an Effizienz und Produktivität bis 2025 auf dem Niveau von etwa der Hälfte der heutigen globalen Wirtschaftsleistung.

Ein globaler Mindeststundenlohn von 1 Dollar, wie wir ihn in Kapitel 1 vorgeschlagen haben, eröffnet *allen* Menschen auf diesem Planeten *alle* gegenwärtigen und künftigen Errungenschaften der digitalen Revolution. Solange nicht alle Menschen Zugang zu den neuen Möglichkeiten der digitalen Revolution haben, führt diese zu einer digitalen Kluft und damit zu einer weiteren Verschärfung der Kluft zwischen Arm und Reich beziehungsweise zwischen Menschen, die online, und jenen, die offline sind. Mit einem globalen Mindeststundenlohn könnten sich alle Menschen von ihrem selbst verdienten Geld die Geräte leisten, mit denen sie und ihre Familien Zugang zur Welt einer Khan Academy oder einer der vielen anderen Online-Learning-Einrichtungen erhalten. Sie könnten alle digital erleichterten Zugänge zu nachhaltigen dezentralen Energiesystemen nutzen. Sie könnten sich, neben ihren Jobs, zu Genossenschaften zusammentun, um gemeinsam oder für ihren Nachwuchs die Nutzung selbst finanzierter und betriebener MAKER-Garagen ermöglichen. Sie könnten aber auch digitale Plattformen nutzen, wie sie in Brasilien sehr erfolgreich aufgesetzt wurden, für die direkte Beteiligung an lokalen Meinungsbildungs- und Entscheidungsprozessen der kommunalen Politik. Die Menschen werden dadurch zu mündigeren Bürgern und tragen aktiver bei zum Wandel ihrer Gesellschaft in Richtung echter und lebendiger Demokratien.

Da westliche Unternehmen sicher noch einige Zeit ihren Vorsprung bei technologischen und digitalen Innovationen und bei Produkten erhalten können, werden auch sie von der mit Sicherheit explosionsartig steigenden Nachfrage aus den Entwicklungsländern erheblich profitieren.

Durch die Entwicklungssprünge in den heutigen Armutsregionen der Welt dank dem Instrument des globalen Mindeststundenlohns werden alle drei Innovationsbereiche – die technologischen, die digitalen und die sozialen Innovationen – sehr viele neue Mitdenker und Mitentwickler finden. Vom neuen Dreiklang sozialer, digitaler und technologischer Innovationen und deren weltweiter Beschleunigung werden nicht nur Armutsregionen, sondern alle Regionen der Welt massiv profitieren. Wie am Beispiel der Kombination technologischer, digitaler und sozialer Innovationen im Bereich der Solaranlagen gezeigt wurde, trifft diese globale Kreativitätsexplosion insbesondere auch für das Feld einer globalen ökologischen Wende und deren Herausforderungen zu.

Der globale Mindeststundenlohn erweist sich somit auch für die weltweite Nutzung und Entwicklung digitaler Lösungen für unsere gemeinsame Zukunft als *das* entscheidende Instrument.

Fragen & Antworten

Geht mit zu viel digitalem Lernen nicht der persönliche Bezug zwischen Schüler und Lehrer verloren? Ist daher digitales Lernen wirklich so empfehlenswert?
Bei richtigem Einsatz von digitalem Lernen lernen Schüler rund ein Viertel der Zeit digital. Weil sie dabei das zu erwerbende Wissen deutlich effektiver aufnehmen, verschafft dies in den Schulen sehr viel mehr Freiraum als bisher für Teamlernen, für die praktische Anwendung des erworbenen Wissens, für den Austausch mit Lehrenden und Lernenden außerhalb der eigenen Klasse. Intelligentes digitales Lernen befreit zu einer völlig neuen Qualität und Intensität analogen Lernens.

5 Die globale Potenzialentfaltung

Wie gleicher Zugang zu Wissen und Kompetenzen die gesamte Menschheit zu großen Gewinnern macht

Der breite Zugang zu Wissen ist zwar dank der neuen digitalen Möglichkeiten erheblich einfacher zu organisieren als noch vor zehn Jahren, stellt aber dennoch eine große und absolut zukunftsentscheidende Herausforderung dar. Wir müssen uns daher der Frage stellen, mit welchem Bündel an Maßnahmen wir das Recht auf Bildung im Sinne von Zugang zu Wissen weltweit flächendeckend möglichst effizient umsetzen können. Wir müssen gleichzeitig die Frage beantworten, welche Art von Bildung heute gebraucht wird. Wissen wird wichtig bleiben, doch ein in Fächer segmentierter Frontalunterricht wird sicher nicht die Zukunft unserer Schulen sein. Noch wichtiger: Die Aneignung einer neuen Dimension von Umsetzungskompetenzen wird erheblich an Bedeutung gewinnen. Auch für die umfassende Potenzialentfaltung aller Menschen wird die Einführung eines globalen Mindeststundenlohns der effektivste Hebel sein.

Sicher bezweifelt niemand die Bedeutung von Bildung. Aber *wie* wichtig sie ist, ist durchaus nicht allen hinlänglich klar. Daher seien hier als Erstes ein paar Beispiele aufgeführt, die ihre alles überragende Bedeutung für jeden unmittelbar nachvollziehbar machen.

Bildung als einzig verbleibende Schlüsselressource

Finnland hatte Ende des 19. Jahrhunderts sehr wenig Entwicklungspotenzial zu bieten: ungünstiges Klima, saure Moorböden, kurze Vegetationsperiode, abseitige Lage, schwierige Sprache, kaum Infrastruktur, wenige Städte, wenige und sehr verstreut lebende vor allem kleindörfliche Bewohner. Bei damals gerade einmal 500 Lehrern für 1,7 Millionen Menschen entschied sich die Regierung nach einer großen dreijährigen Hungerkatastrophe 1870 ausgerechnet für eine flächendeckende Alphabetisierung. In nur einer Generation wurde Finnland von einem Land mit weit über 90-prozentiger Analphabetenquote zu einem vollständig alphabetisierten Land. Zunächst hatte dies noch kaum Auswirkungen auf den materiellen Wohlstand, aber der Gesundheitszustand der Bevölkerung, der Status der Frauen, die gesellschaftliche Partizipation und viele weitere nicht-materielle Wohlstandsfaktoren verbesserten sich drastisch. Insbesondere die Bildung entwickelte sich im Vergleich zu Resteuropa bahnbrechend weiter. Bereits 1970 gab es mehr Frauen als Männer mit Abitur, ab 1972 wurde das gegliederte durch ein integriertes Schulsystem ersetzt, die Schulen erhielten sehr große Autonomie von den

Lehrplänen bis zur Auswahl der Lehrer. Und 2015 wurden die Schulfächer abgeschafft. Das Ergebnis: Finnland entwickelte sich von einem der ärmsten zu einem der gebildetsten, bildungsinnovativsten und wohlhabendsten Länder der Welt.

Malaysia hatte in den 1960er-Jahren keine einzige Hochschule und kein einziges Gymnasium. Weitaus die meisten Bürger dieses Landes waren Analphabeten. In den globalen Bildungsstatistiken lag es auf den hintersten Plätzen. Dann entschied die Regierung, in Bildung zu investieren, und zwar mehr als jeder andere Staat in der Welt zu jener Zeit. Das Ergebnis war ein Aufblühen des Landes, das alles, was die Menschheit bis dahin kannte, in den Schatten stellte. Wie aus dem Nichts wuchs eine sehr breit und gut ausgebildete Bevölkerung mit einem für Entwicklungsländer ganz ungewöhnlich hohen Anteil an höheren Schulen und Universitäten heran. Die Wirtschaft wies lange vor dem chinesischen Boom Wachstumsraten auf, wie sie kein Land des Westens zu seinen besten Zeiten erreichte. Diese Fundamentalverwandlung durch Bildung nahm nicht mehr als 20 Jahre in Anspruch.

Noch viel schneller verlief die Entwicklung im bettelarmen Singapur, dessen Pro-Kopf-Einkommen zum Zeitpunkt der Unabhängigkeit 1963 bei 427 US-Dollar pro Jahr lag. Der erste autokratische Regierungschef Lee Kuang Yew setzte auf einen bis dahin einzigartigen Bildungsfeldzug. Bereits 1970 erhielten alle Kinder eine Grundschulbildung, und nur zehn Jahre später war Singapur eine der führenden Wissensgesellschaften. Heute haben in Singapur 80 Prozent der Menschen einen Hochschulabschluss, was Weltrekord bedeutet, Singapur hat ferner 100 000 ausländische Studenten, verfügt über Weltspitzenforschung in IT, Biotechnologie und Medizin, und die Hälfte aller Exporte liegt im Hightech-Segment, dreimal mehr als im Hightech-Land Deutschland. Gleichzeitig sind die Öko-Ziele nirgendwo höher und radikaler gesetzt als in Singapur. In 50 Jahren hat sich das Durchschnittseinkommen um mehr als den Faktor 100 erhöht und liegt heute höher als in den USA.

In seiner globalen Bedeutung setzt China noch viel wirkungsvoller auf Bildung – und nahm sich dabei die Erfolgskurve von Singapur als Vorbild. Lange als »Werkstatt der Welt« belächelt, die mit Billiglöhnen und frühkapitalistischen Ausbeutungsverhältnissen jene Weltmärkte eroberte, die mit Niedriglohnwettbewerb eroberbar waren, erhöhte China in den vergangenen 20 Jahren immer mehr seine Investitionen in Bildung und Forschung. Auch in der Bevölkerung entstand ein Bewusstsein für den Wert von Bildung, das den Bereich eines gesunden Leistungswettbewerbs oft hinter sich ließ. Chinas Schüler sind in Mathematik, Naturwissenschaften sowie dem Lesen und Verstehen von Texten Weltspitzenreiter. Zwar wurde dies durch ein allzu einseitiges und dadurch recht problematisches Pauken erreicht, bewirkte jedoch, dass China inzwischen in jedem Jahr mehr als eine Million Studenten zum Abschluss eines Ingenieursstudiums führt. Technologisches Fortschritts-Know-how kann derzeit nirgendwo so gründlich und breitflächig aufgesogen und umgesetzt werden wie in China. Wenn man die Lohndifferenz zwischen den Forschern in den westlichen Industrieländern und China berücksichtigt, wird in keinem Land der Welt mehr Geld in Forschung und Entwicklung gesteckt. China holt zudem bei Patentanmeldungen mit exponentiellen Zuwachsraten auf. Bei kreativen Leistungen landete China bei den Pisa-Studien allerdings lange Zeit auf hinteren Plätzen – auch das eine Folge der zu einseitigen Paukorientierung. Aber hier ist der Aufholprozess ebenfalls in Gang gekommen: Die Universität Peking bietet seit 2014 einen Design-Thinking-Kurs an. Design Thinking, erdacht an der Stanford University, ist eine Methode zur Entwicklung hochinnovativer und hochwirksamer neuer Ideen für eine Problemstellung, und zwar in Teamarbeit und mit Teamkompetenzen, mit denen heute die besten Innovationen in Wirtschaft und Gesellschaft kreiert werden. Wenn das Pilotprojekt in Peking gelingt, soll Design Thinking an allen chinesischen Universitäten zum Pflichtprogramm werden.

Die indische Regierung entschied bereits ganz zu Anfang des digitalen Zeitalters, mehrere Universitäten im Land zu Ausbildungsstätten von digitalen Spitzenkräften zu machen. In kürzester Zeit wuchs in Bangalore und anderen indischen Metropolen eine sehr ernsthafte Konkurrenz zum Silicon Valley heran. Viele der IT-Studenten wechselten nach ihrem Studium zu amerikanischen Unternehmen in den USA, um dort hinzuzulernen. Als die amerikanische Zentrale von Microsoft einmal bei einem internen Wettbewerb seine besten Nachwuchskräfte identifizierte, waren neun der ersten zehn Plätze von Indern belegt.

Wo immer die Entscheidung getroffen wurde, auf Bildung zu setzen, führte dies zu demselben Ergebnis: Ein atemberaubender Entwicklungsprozess nahm seinen Anfang. Das war auch im Nachkriegsdeutschland nicht anders. Dort nahm man Abschied von einem allzu elitären Bildungsverständnis und förderte den Zugang eines wesentlich größeren Teils der Bevölkerung zu qualifizierter Bildung und Ausbildung. Das Ergebnis war ein breites und nachhaltiges Wirtschaftswunder.

Not macht wendig – Chancen machen eifrig

Sobald sich eine ernsthaft realistische Perspektive zu einer aufholenden Bildung und damit zu einer umfassend aufholenden wirtschaftlichen und sozialen Entwicklung ergibt, wird diese Chance von einem erstaunlich großen Bevölkerungsteil sofort ergriffen, wobei der kulturelle Hintergrund keine Rolle spielt. Man kann fast sogar so weit gehen zu sagen: Je größer die Not und je realistischer die Aussicht, sie durch Fleiß und Hartnäckigkeit hinter sich zu lassen, desto eifriger wird die Chance dazu ergriffen.

In allen Kulturen spielen dabei die Frauen eine Schlüsselrolle. Lange Zeit setzte man bei Entwicklungsprojekten jeglicher Art immer auf die Männer als Ansprechpartner, denn fast überall hatten sie aufgrund der tradierten Machtstrukturen das Sagen. Als einige Projekte damit begannen, sich an Frauen zu wenden, stellte man schnell fest, wie sich die Ergebnisse veränderten. Frauen waren sowohl lern- als auch arbeitseifriger, Frauen investierten in ökonomisch sinnvollere Projekte, Frauen kümmerten sich konsequenter um die Bildung ihrer Kinder und entschieden sich, sobald sie etwas Geld übrig hatten, in deren Ausbildung zu investieren.

Ein besonders innovatives und erfolgreiches Bildungsprojekt in Nepal veranschaulicht, was möglich ist. Unter der Bezeichnung »Women's Empowerment Program« wurden in einem dreijährigen Pilotprojekt von 1998 bis 2001 125 000 besonders arme Frauen in fünf Trainingseinheiten ausgebildet. Neben Lesen und Schreiben (Alphabetisierung) lernten die Frauen, wie man ein kleines Unternehmen gründet (Entrepreneurship), wie man ein eigenes Kleinkreditsystem auf der Grundlage eigenen Sparens aufbaut (Mikrofinanzwirtschaft), wie man Projekte für eine selbstbestimmte Dorfentwicklung konzipiert, umsetzt, kontrolliert und nachbereitet (Projektmanagement) und schließlich, wie man die sozialen Rechte, die man in seinem Land hat, aktiv wahrnehmen kann.

Das Besondere an diesem Projekt war, dass externe Entwicklungsorganisationen ganz bewusst nur in der ersten Phase involviert waren. Über interaktive Trainingsbücher vermittelten sie das Wissen an eine Gruppe von Einheimischen, die dann den Stab der weiteren Wissensvermittlung in die eigenen Hände nahmen. Dadurch erlangten die Teilnehmer des Programms sehr schnell ein hohes Maß an Unabhängigkeit von den externen Partnerorganisationen.

Nach drei Jahren war die Alphabetisierungsrate von etwa 30 auf 100 Prozent gestiegen, hatten sich zwei Drittel der Projektteilnehmer mit einem Kleinunternehmen selbstständig gemacht, hatten sie insgesamt mehr als 1000 autarke Dorfbanken gegründet und mehr als 100 000 kleine Dorfentwicklungsprojekte in eigener Konzeption und Regie umgesetzt. Das Einkommen der Familien stieg in dieser Zeit im Durchschnitt um 800 Prozent. Es war gleichzeitig das erfolgreichste Start-up-Förderprogramm für Arme, das es bis dahin gab, das erfolgreichste Mikrofinanzprojekt, das erfolgreichste Empowerment-Programm für eigenständige Projektumsetzungen und das erfolgreichste Wohlstandsförderprogramm am Fuße der sozialen Pyramide. Und es war wohl auch das Projekt mit der besten Relation von Mitteleinsatz und Wirkung: Es kostete pro Teilnehmer gerade einmal 30 Dollar.

Nachdem die Pilotphase beendet war, musste das koordinierende Hilfswerk Pact wegen des Bürgerkrieges in Nepal das Land verlassen. Als der Bürgerkrieg schließlich vorüber war, konnten die Pact-Mitarbeiter feststellen: Die Einheimischen haben die Impulse selbstständig und erfolgreich fortgeführt. Durch den Train-the-Trainer-Ansatz war in den drei Jahren der Pilotphase folglich ein autarkes eigenes System der Erwachsenenbildung aufgebaut worden. Inzwischen führt Pact dasselbe Programm unter dem neuen Namen WORTH in immer mehr afrikanischen Ländern ein.

Potenzialentwicklungsschulen

Not macht wendig, Chancen machen eifrig, das gilt auch für ein radikal neu gedachtes Bildungsprojekt, das in den ländlichen Regionen Kolumbiens entwickelt wurde. Es entstand in einer Situation des Bildungsnotstands in weiten Teilen des Landes. Kein Lehrer wollte in Regionen gehen, in denen die Terrororganisation FARC herrschte, was zeitweise fast die Hälfte des Landes betraf. Die Zentralregierung rief die Bildungseinrichtungen in den betroffenen Regionen dazu auf, einfach das frei und kreativ umzusetzen, was ihnen möglich schien angesichts der Situation, dass nahezu keine klassisch ausgebildeten Lehrer zur Verfügung standen und darüber hinaus fast alle anderen »normalen« Aspekte eines funktionierenden Bildungssystems fehlten. Genau dadurch war jedoch ein kreativer Freiraum gegeben, ein Freiraum, in dem eine Gruppe engagierter Naturwissenschaftler und Bürger Bildung regelrecht neu erfinden konnte und musste. Die Jury der Expo 2000 meinte, das von der Stiftung FUNDAEC entwickelte und umgesetzte Bildungskonzept sei das kreativste und modernste, das die Welt bisher sah. Und erstaunlicherweise entstand nicht nur dieses eine, sondern eine ganze Reihe sehr innovativer Bildungsprojekte.

FUNDAEC startete mit einem Fortbildungsangebot für die siebte bis zwölfte Jahrgangsstufe, die unserer westlichen Gymnasialstufe entsprach und mit dem Abschluss zum Studium an jeder Hochschule in Lateinamerika berechtigte. Später weitete man die Angebote aus auf alle Lebenszyklen von der Vorschule über die Grundschule und die gymnasiale Stufe bis zum Hochschulstudium und zur lebensbegleitenden Fortbildung in Post-Graduate-Studiengängen.

Die Initiatoren entwickelten auf der gymnasialen Ebene interaktive Lernmaterialien für eine »Lernstufe«. Die erste »Lernstufe« entsprach der siebten Jahrgangsstufe und so fort. Jeder konnte sich die Lernstufe aussuchen, die seinem Vorwissen entsprach. Das Alter spielte dabei keine Rolle. So kam es vor, dass sich bis zu drei Generationen in einem »Lernteam« einer Lernstufe fanden. Die Lernteams ersetzten unser Denken in Schulklassen, waren allerdings nur etwa halb so groß. Durch die geringe Größe wurde auch die Ortsfrage flexibel:

Die Lerngruppen konnten sich in öffentlichen Gebäuden treffen oder in Privathäusern, in Kirchengemeinden oder unter freiem Himmel, oder, sofern vorhanden, in Schulhäusern. Tatsächlich kam das FUNDAEC-System mit bisher mehreren Zehntausenden Absolventen – bis hin zum Hochschulstudium – komplett ohne eigene Räume aus.

Die interaktiven Lernmaterialien wurden von den Initiatoren so entwickelt, dass die Lernteams möglichst unabhängig »lernarbeiten« konnten. Sie folgten dem Ziel des eigenständigen Teamlernens so radikal, dass sie kein einziges klassisches Lernmaterial verwendeten, sondern selbst das Lernen von Mathematik »neu dachten« und in neuen Lernmaterialien aufbereiteten.

Gleichzeitig boten sie die Ausbildung zum »Tutor« an. Ein Tutor – FUNDAEC nahm bewusst Abschied vom Begriff des Lehrers und nannte Lehrkräfte stattdessen Tutoren; passender wäre der Begriff »Lernbegleiter« oder »Lerncoach« – wurde zunächst in der Lernbegleitung einer Lernstufe oder bestimmter Lernfelder ausgebildet und konnte daran Tutoren-Ausbildungen für weitere Lernfelder oder -stufen anschließen. Damit schuf FUNDAEC auch ein hochflexibles System von Lernbegleitern. Geeignete Einheimische in den Dörfern oder aus der Region und nahe liegenden Städten wurden so zu den tragenden Säulen dieses Bildungssystems – und damit viel mehr Durchlässigkeit im System hergestellt. Die Tutoren beziehungsweise Lernbegleiter konnten ihre Tätigkeit entweder nebenberuflich ausüben oder mit der Zeit auch hauptberuflich, jedenfalls erwiesen sie sich in der Praxis als keineswegs schlechter als klassisch ausgebildete Lehrer: Das Kultusministerium in der

Hauptstadt Bogotá prüfte die Lernteams von FUNDAEC und stellte fest, dass sie in ihren Leistungen den Gymnasiasten des klassischen Bildungssystems um ein bis zwei Jahrgangsstufen voraus waren. Das sprach sich bei den Hochschulen im gesamten spanischsprachigen Lateinamerika herum, sodass diese nun mit Vorliebe FUNDAEC-Absolventen aufnehmen.

Die Entwickler dieses neuen Bildungsansatzes machten auch Schluss mit den uns so vertrauten und unausweichlich scheinenden Schulfächern. Sie definierten fünf Lernfelder – Kommunikation, Naturwissenschaften, Mathematik, Technologie und Gemeinschaft – und vermittelten die damit verbundenen Konzepte und Kompetenzen grundsätzlich immer mittels einer konkreten praktischen Themenstellung. Wenn das Thema beispielsweise Gemüseanbau war, wurden alle relevanten physikalischen, chemischen, biologischen, ökologischen, ökonomischen, technologischen, sozialen und ethischen Aspekte angesprochen. Dadurch entstanden ein grundsätzlich und umfassend systemisches Denken und eine starke Umsetzungs- und Handlungskompetenz.

Zum Lernfeld Kommunikation gehören beispielsweise auch zwischenmenschliche Beziehungskompetenz, Teambildung und Teamarbeit, innere Kommunikation, Sozialpsychologie und soziologische Zusammenhänge. Besucher von FUNDAEC und seinen Lernteams sind immer besonders beeindruckt vom klaren Denken der Kursteilnehmer und der herausragenden Präsentation ihrer Erkenntnisse und Gedanken in Gruppensituationen. Es ist kein Zufall, dass sehr viele Absolventen in ihren Dörfern sofort nach ihrer Volljährigkeit zum Bürgermeister gewählt werden.

Mathematische Zusammenhänge werden nicht in abstrahierenden Lerneinheiten vermittelt, sondern in enger Verknüpfung mit den anderen Lernfeldern als die Sprache der Abstraktion in der Beobachtung der Natur und des Lebens. So verstanden, ist Mathematik nicht mehr lebensferne Zahlenakrobatik, sondern der Schlüssel zum systemischen Verständnis von Zusammenhängen. Von diesem Ansatz her ist es auch nicht mehr so überraschend, wenn von den bisher rund 50 000 Absolventen noch nicht ein Einziger in Mathematik versagt hat.

Naturwissenschaftliche Zusammenhänge und deren Anwendung in technologischen Lösungen werden immer in lebenspraktischen Kompetenzen zusammengeführt, zum Beispiel in praktischen Projekten in der Dorfgemeinschaft oder der städtischen Kommune. Wissen wird immer weitergeführt zu Können.

Das Können wiederum ist nicht gut isolierbar in abtrennende Arbeitsteilung. Arbeitsteilung ist nur dann ein sinnvolles Konzept, wenn der Kontext zur Gemeinschaft und zu Arbeitsteams bewusst hergestellt und gut aufgestellt ist. Das Ziel ist, überall die Intelligenz der Gemeinschaft zu nutzen und gut zu organisieren. Die Lernenden im FUNDAEC-System werden damit bereits während der Zeit, in der sie in Lernteams zusammenwirken, ganz real zu »Entwicklungshelfern« in ihrem Lebensumfeld, mehr noch: Sie werden zu sozialen Innovatoren, weil sie das Privileg haben, neueste Erkenntnisse aufzunehmen aus der Welt des Wissens und der Anwendung des Wissens in neuartigen innovativen Lösungen.

Über diese Lernansätze hinaus gibt es zusätzlich eine

Art Meta-Lehrplan. In der ersten Lernstufe werden alle inhaltlichen Lernschritte intensiv mit dem Formulieren von Fragen verbunden. Wer ein Jahr lang Fragenstellen gelernt hat, von den grundlegenden Sinnfragen des Lebens bis zum Wie und Warum von technischen Zusammenhängen, dem ist Neugier zur alles treibenden Kerneigenschaft geworden. Wer genügend Fragen in seinem Kopf bewegt, den führt eine Frage zur nächsten, und für den ist Motivation kein Thema, sondern pure Selbstverständlichkeit. Fragen sind der Grundschlüssel zu einer lebenslangen intensiven Lernhaltung. Diese Weisheit lehren alle Philosophien aller Zeiten und Kulturen. Warum also gibt es in unseren Schulen kein fächerübergreifendes Konzept, in dem alles Lernen von inhaltlichem Stoff mit einem Einstieg über Fragen beginnt? Das Meta-Lernen des Fragens ist gleichzeitig ein Weg zur Kompetenz im Teamlernen, denn die Fragen richten sich immer an die Gemeinschaft.

Im zweiten Jahrgang beziehungsweise in der zweiten Lernstufe folgt die Meta-Lerndisziplin der Beschäftigung mit der Bedeutung von Begriffen. Was meint »Natur«, was bedeutet »Gemeinschaft«, was ist »Solidarität«, »Atom« oder »Licht« – nicht einfach aus nur *einer* Sichtweise gesehen, sondern aus unterschiedlichen Perspektiven und Lehrmeinungen. Ein Jahr lang intensive Auseinandersetzung mit einer beträchtlichen Anzahl von grundlegenden Begriffen pflanzt in die Herzen und Köpfe aller Lernenden ein lebenslanges Interesse an der Bedeutung von Begriffen und einen sorgsamen und sehr bewussten Umgang mit Sprache. Die Ausdrucksfähigkeit wird erhöht, aber auch die Genauigkeit und Virtuosität des Denkens. Man lernt spielerisch ein »Sehen mit vielen Augen« und ein »Denken mit vielen Köpfen«.

Im darauffolgenden Jahr steht die Umsetzung des Wissens im Zentrum, in zunächst sehr kleinen und mit der Zeit behutsam komplexer werdenden Projekten in der Gemeinschaft und in den Gemeinden. So werden die Lernenden schrittweise und systematisch in die Erfahrung geführt, dass Wissen und somit Lernen einen praktischen Nutzen haben. Sie werden Lebensunternehmer in einem umfassenden Sinne.

Ein Lernen dieser Art bedeutet Potenzialentfaltung in einem umfassenden Wortsinne. Das Grundkonzept von FUNDAEC kann in alle Kulturen und Lebenssituationen übertragen werden.

Die analoge Bildungsrevolution

Weltweit vollzieht sich gerade neben der digitalen auch eine analoge Bildungsrevolution. Während die Mehrzahl der Menschen noch die alten Bildungsdiskurse führt, ob ein dreigliedriges Bildungssystem besser ist oder das Konzept einer Gesamtschule, revolutioniert sich Bildung an immer mehr Orten der Welt in einer völlig anderen Qualität und Dimension. Die digitale Bildung revolutioniert den Zugang zu Bildung, und zwar zu allerbester Bildung für alle. Gleichzeitig revolutioniert sich die analoge Bildung zu einer umfassenden Potenzialentfaltung, durch die letztlich jeder Mensch zu einem unvergleichlich handlungsmächtigeren Lebensunternehmer wird.

Viele Ideen aus hier angeführten Beispielen wurden

andernorts zwischenzeitlich aufgegriffen, teilweise bewusst inspiriert von dem hoch innovativen Bildungsverständnis von FUNDAEC, teilweise völlig unabhängig davon.

In Deutschland gilt Margret Rasfeld als eine der innovativsten Schulleiterinnen. Sie hat mit den an ihrer Schule umgesetzten analogen Bildungsrevolutionen wie »Lernbüros« für weitgehend eigenverantwortliches Lernen, den Schulfächern »Verantwortung« und »Herausforderung« oder der Lehrerfortbildung durch Schüler in diesem Land eine breite Bildungsdiskussion über Potenzialentfaltungslernen in Gang gebracht.

In den Räumen der Ev. Schule Berlin-Zentrum, an der Margret Rasfeld bis 2016 Schulleiterin war, entstand 2015 ein weiterer besonders vielversprechender Ansatz für eine tief greifende Bildungswende. Das Team des Education Innovation Labs um den Design Thinker Elias Barrasch arbeitet an einem Konzept von »Zukunftsbausteinen« für den Projektunterricht an Schulen. Die Projektwochen beziehungsweise der Projektunterricht ist im deutschen Bildungssystem der derzeit offenste Bereich, in dem Schulen Neues ausprobieren können. Das Education Innovation Lab entwickelt Lernmaterialien, über die sich Schüler mit einem der insgesamt 17 Global Goals beziehungsweise einem von deren 169 Unterzielen beschäftigen können. Sie lernen dadurch nicht an abstrakten oder belanglosen Projekten, sondern unmittelbar an den Kernfragen für unsere gemeinsame Zukunft. Die Lehrer werden darauf vorbereitet, diesen Projektunterricht auf der Grundlage des Design Thinkings durchzuführen. Lehrer und Schüler lernen dadurch, sehr reale Changemaker zu werden in Verbindung mit jenen Schlüsselkompetenzen, die sie zu starken Zukunftsgestaltern machen.

Weltweit hat sich, insbesondere in den letzten Jahren, eine starke neue Szene von Bildungsinnovatoren aus der größeren Szene von sozialen Innovatoren herausgebildet. Die Änderungsdynamik bei Bildungsinnovatoren macht inzwischen endlich auch die Bildungspolitik in einigen Ländern mutiger. So hat Finnland 2015 die Abschaffung der traditionellen Schulfächer beschlossen und arbeitet nunmehr in Lernfeldern und entlang konkreter projektbezogener Themenstellungen.

Der Bildungssektor in Deutschland und in immer mehr Ländern entwickelt sich inzwischen selbst in ein lernendes System, das sich immer wieder neu infrage stellt und weiterentwickelt. WORTH, FUNDAEC, Margret Rasfelds Bildungsinnovationen, das Netzwerk der Changemaker-Schulen von Ashoka und viele mehr sind in erster Linie ein Beispiel dafür, wie analoges Lernen grundlegend neu gedacht und gestaltet werden kann. In Verbindung mit der digitalen Bildungsrevolution kann dieses neue Verständnis analoger Bildung effizient globalisiert werden und gleichzeitig sinnvoll variiert entsprechend den unterschiedlichen kulturellen und sonstigen Bedarfen.

Eine globale Lerngemeinschaft bilden

Der globale Zugang zu Wissen ist dank Internet derart erleichtert und die Herausbildung lebenspraktischer Schlüsselkompetenzen durch die neue analoge Bildungsrevolution derart verstärkt worden, dass es lediglich eine Frage der Zeit sein kann, bis beides für alle Menschen der Welt zur selbstverständlichen Realität geworden ist. Daher kann eine kluge Strategie für alle Akteure im Bildungsbereich und für alle Akteure überhaupt nur darin bestehen, dass wir zu einer klugen globalen Lerngemeinschaft werden.

Damit ist keine Gleichschaltung von Ideen und Umsetzungen gemeint, sondern eine offene, sich permanent wechselseitig inspirierende globale Lerngemeinschaft von Menschen, die mitdenken und eine umfassende zukunftstaugliche und vielgestaltige Potenzialentfaltung aller Menschen mitgestalten wollen. Es macht keinen Sinn mehr, unser Wissen weiter abschotten zu wollen, allein schon deshalb, weil dies angesichts der digitalen Vernetzung der Welt völlig zum Scheitern verurteilt wäre, aber auch aus anderen Gründen:

In Sachen zukunftsweisender Bildungskonzepte sind Europa und Amerika längst nicht mehr die innovative Spitze, wie die hier ausgewählten Beispiele zeigen. Die Nöte in Ländern mit mehr Herausforderungen als in den Komfortzonen dieser Welt haben diese in vielen Bereichen inzwischen kreativer werden lassen. Diese Länder haben teilweise eine erstaunliche Kompetenz der *Wendigkeit*, der Not-*Wendigkeit* entwickelt, und wir können sehr viel von ihren Pionierleistungen lernen.

Eine globale Lerngemeinschaft für eine möglichst starke Potenzialentfaltung aller Individuen bereichert im Endeffekt alle Menschen der Welt – wenn wir eine faire Wohlstandsentwicklung endlich als einzig vernünftiges Zukunftskonzept erkennen. Die digitale in Kombination mit der analogen Bildungsrevolution wird die Gesamtentwicklungspotenziale der Menschheit so radikal ausweiten, dass es keinen Grund gibt, dass irgendwer noch in Not leben müsste.

Die Herausbildung einer globalen Lerngemeinschaft selbstbewusster Akteure aus allen Regionen und Kulturen der Erde bringt noch etwas mit sich: einen globalen Austausch über globale Werte, über ein Weltethos, das sich am Wohl der unteilbaren Menschheit orientiert. Fragen rücken dadurch in den Vordergrund, wie ein respektvoller, wertschätzender und sich wechselseitig unterstützender Austausch auf gleicher Augenhöhe aussehen sollte und wie wir unseren Wissens- und Erfahrungsaustausch sowie unseren Austausch von Arbeitsleistungen auf eine faire und ethisch angemessene Grundlage stellen. Einseitige Potenzialentfaltung einer Minderheit auf Kosten des großen Restes der Menschheit wird vor dem Hintergrund dieser neuen Entwicklung der Vergangenheit angehören.

Der globale Mindeststundenlohn wird dabei jenen Teil der Menschheit mit ins Boot der Potenzialentfaltung nehmen, der bisher außen vor gelassen war. Der globale Mindestlohn wird dadurch auch zum großen Entwicklungsbeschleuniger für eine weltumspannende Lern- und Arbeitsgemeinschaft, die völlig neue Horizonte eines globalen Wohlstands erschließt.

Fragen & Antworten

Wie kann verhindert werden, dass eine bessere Bildung nicht letztlich zu noch mehr und noch intelligenterem Egoismus und Konkurrenzdenken führt?

Wer den Wert von Peer-to-Peer-Learning und Teamlernen und von kollaborativer Projektarbeit kennengelernt hat, wird diese Erfahrung nicht mehr missen wollen. Wer an Aufgaben und neuen Ideen im Modus von Design-Thinking-Teams gearbeitet hat, wird nicht mehr zum Konkurrenz- und Ego-Modus zurückkehren wollen, weil WeQ, kollektive und kollaborative Intelligenz, wesentlich intelligenter und erfüllender ist als IQ. Dies bestätigen die Erfahrungen mit den genannten Beispielen eines neuen Bildungsverständnisses.

Gibt es Beispiele, wie ein Mindestlohn die Bildungsmotivation fördert?

Eine globale Lohnuntergrenze wirkt sich so aus, wie es alle bisherigen Erfahrungen mit schon relativ geringeren Verbesserungen der Entwicklungschancen von besonders armen Familien zeigen: Sie wollen diese Chance unter allen Umständen nutzen und wissen ganz genau, dass der wirkungsvollste Weg dazu eine bessere Bildung ist. Die Eltern setzen das erste übrige Geld in aller Regel für eine bessere (Aus-)Bildung ihrer Kinder ein. Sie schicken sie zur Schule, motivieren sie zum Lernen, besorgen Billig-Smartphones mit Lernsoftware oder was auch immer zu besseren Lernchancen für ihre Kinder beiträgt. Das entscheidende Momentum ist die Wahrnehmung einer echten Entwicklungschance. Wenn Bevölkerungskreise, die bis dahin keine ernsthafte Chance zu einer substanziellen Verbesserung ihrer Lebenslage durch eigene Anstrengungen hatten, plötzlich eine solche Möglichkeit wahrnehmen, überträgt sich diese Wahrnehmung auch in Form einer Ermutigung der eigenen Kinder. Dabei spielt es keine Rolle, ob es sich um die Gewährung von Kleinkrediten handelt oder um die

Verbesserung des Einkommens durch einen globalen Mindestlohn. Die Kinder der Kreditnehmerinnen in Bangladesch, die Kinder der aus der Armut herauswachsenden Arbeiterinnen in China wie auch die Kinder von Eltern mit besseren und stabileren Löhnen dank eines durchgesetzten Mindestlohns entwickeln einen verblüffend großen Lerneifer.

6 Die Umkehrung der Flucht

Wie die meisten Fluchtgründe beseitigt werden und Entwicklung überall in der Welt stattfindet

Europa – eine Festung? Eine Fiktion wird Wirklichkeit

Wie zu Anfang erwähnt, veranstalteten zahlreiche Fernsehanstalten von BBC bis ARD in Kooperation mit den großen Hilfswerken und Nichtregierungsorganisationen der Welt im Jahr 1990 gemeinsame Programmwochen unter dem Motto »One World« beziehungsweise »Eine Welt für alle«. Der Höhepunkt war ein Weltkonzert »One World – One Voice« der bekanntesten Popmusiker der Welt, das allein von mehr als einer Milliarde Menschen gesehen wurde.

Ein weiterer Höhepunkt war der Fernsehfilm »Der Marsch«. Die Geschichte: Die Not in einigen Ländern Afrikas ist so groß geworden, dass viele Menschen keine andere Zukunftschance mehr sehen, als sich zusammenzutun und gemeinsam nach Europa zu marschieren. Immer mehr Menschen aus den Armutsregionen Afrikas schließen sich ihnen an. An der afrikanischen Mittelmeerküste ist die Zahl derer, die bereit sind, die sehr risikoreiche Überfahrt nach Europa zu wagen, auf Hunderttausende angeschwollen. In einem ersten Schub gehen 40 000 auf Boote, um gemeinsam überzusetzen. An der Küste Spaniens werden sie von Soldaten einer europäischen Eingreiftruppe erwartet, die sie hermetisch abriegelt und ihnen jede Chance auf einen Weitermarsch verwehrt.

Isa El-Mahdi, der Anführer, organisierte sehr bewusst keinen Flüchtlingstreck, sondern einen Demonstrationszug, wenn auch einen höchst ungewöhnlichen und machtvollen für die Masse der Macht-, Mittel- und Chancenlosen. Er stellt fundamentale Fragen an Europa und fordert zu Antworten heraus: Baut sich Europa zu einer Festung aus, oder findet es bessere Antworten? Findet es, gemeinsam mit den Betroffenen, Antworten in den Heimatregionen dieser Menschen, die es ermöglichen, dort ein menschenwürdiges Leben zu führen, oder kapselt es sich von diesen Herausforderungen derart ab, dass die verzweifelten Massen Afrikas und anderer Weltregionen keine andere Zukunftschance mehr sehen, als nach Europa zu fliehen? »Der Marsch« endet mit folgendem Statement eines Sprechers der Flüchtlinge: »Wir sind hier, um den Völkern Europas zu sagen: Wir armen Völker Afrikas erwarten mehr von euch.«

Der Film spielt mit der Demonstration in Form eines massenhaften Marsches der Hoffnungslosen, hoffnungslos angesichts der zahlreichen Nöte und Ausweglosigkeiten in ihren Herkunftsregionen. Er spielt damit auch mit der Warnung: Alle diese Menschen und noch viel mehr könnten sich irgendwann zu anderen Formen des Marsches auf Europa aufmachen, zu Formen, die dann eine tatsächliche massenhafte Flucht wären, weil sie auf ihre Fragen keine Antwort von Europa und den anderen Wohlstandsregionen der Welt erhalten, die ihnen irgendeine auch nur halbwegs ernst zu nehmende Hoffnung geben könnte.

Die Zahl der Fluchtgründe, die seinerzeit schon reichlich vielfältig und existenziell waren, haben sich in den letzten 25 Jahren weiter vermehrt und verschärft.

Der Begriff »failed states« war damals noch nicht geprägt, heute scheint es geradezu einen Dominoeffekt »gescheiterter Staaten« zu geben: Afghanistan, Irak, Syrien, Libyen, Jemen, und jüngst droht ein halbes Dutzend afrikanischer Staaten zu folgen. 2015 waren so viele Menschen weltweit auf der Flucht wie seit dem Zweiten Weltkrieg nicht. Selbst in Europa greifen soziale Verwerfungen um sich, die immer mehr Menschen zum Verlassen ihrer angestammten Heimat veranlassen. Der große Flüchtlingsmarsch ist inzwischen im Gange, und es ist nicht abzusehen, wie er gestoppt werden kann, zumindest nicht, wenn man den Blick auf die bisher diskutierten politischen Lösungsvorschläge richtet.

»Festung Europa« – Das Dilemma der Unmenschlichkeit

Das Konzept »Festung Europa« ist ganz sicher keine Lösung. Es ist weder moralisch durchhaltbar, ohne dass Europa seine Glaubwürdigkeit in Bezug auf seine Werte wie Menschenrechte oder christliche Nächstenliebe völlig verspielt, noch ist es in irgendeiner anderen Hinsicht klug und nachhaltig.

Wir müssen uns bewusst werden, dass wir uns in

einem Dilemma der Unmenschlichkeit befinden, solange wir keine überzeugende und wirksame Antwort finden, die das Prädikat »menschlich« verdienen würde.

Je mehr wir Asyl oder schlicht einen Ausweg suchenden Flüchtlingen legale Wege nach Europa versperren, desto mehr werden sie illegale Wege suchen und beschreiten. Solange wir unseren Wohlstand und unsere Handlungsmöglichkeiten nicht vermehrt und besser auch für die Lösung der Lebenssituation dieser Menschen einsetzen, desto mehr von ihnen werden ihren Weg nach Europa finden. Je martialischer unsere Abwehrmaßnahmen an den Grenzen Europas werden, desto mehr steigern wir die Enttäuschung dieser Menschen über Europa und den Westen. Je abschreckender wir die Aufnahmebedingungen für die relativ wenigen gestalten, die es nach Europa schaffen, desto tiefer sinkt unsere moralische Glaubwürdigkeit und desto stärker wächst die Ernüchterung über unser Land bei jenen, die sich aus allerschlimmsten Verhältnissen auf die Flucht zu uns begeben haben.

Wie kann Europa weiter die Fahne der Freiheit schwenken, wenn das weltweit bedeutendste Symbol der Freiheit in der jüngeren Geschichte – der Fall der Berliner Mauer und des Stacheldrahts an der Grenze des Kalten Krieges – nun in Ungarn in sein glattes Gegenteil verkehrt wird? Ausgerechnet Ungarn, das für die Überwindung des Eisernen Vorhangs eine Schlüsselrolle spielte, baut als Erstes einen Riesenzaun zur Flüchtlingsabwehr. Und andere europäische Länder folgen diesem Beispiel des neuen großen Mauerbaus. Ein ebenso werteumkehrendes und vor allem sinnloses Unterfangen.

Wie können wir es als Land mit christlich-abendländischen Werten und mit hohen menschenrechtlichen Werten in unserem Grundgesetz vertreten, dass es keinen lauten Aufschrei in unserer Gesellschaft gibt, als – just am Tag der Niederschrift dieses Teils des Buches – ein ganzseitiger Artikel in der *Süddeutschen Zeitung* über die beschlossene Ausweisung einer 21-jährigen Frau erschien, die im Alter von 14 Jahren von ihrem Vater aus Äthiopien als Sklavin nach Katar verkauft wurde? Als die steinreiche Sklavenhalterfamilie dieses Kind mit einem Teil ihres »statusgemäß unverzichtbaren« Sklaventrosses auf eine Deutschlandreise mitnahm, nutzte sie eine Gelegenheit zur Flucht und zu einem »ordnungsgemäßen« Asylantrag. Offene und sogar schamlos zur Schau gestellte Sklavenhalterei war den deutschen Behörden kein genügender Asylgrund!

Wer soll uns glauben, dass wir schon mit einem Bruchteil der Flüchtlingszahlen, die derzeit viele Dritte-Welt-Länder aus ihren Nachbarstaaten aufnehmen, so viele Probleme haben, dass wir selbst offensichtlich versklavte Menschen in ihre »Heimat« zurückschicken? Wer soll uns abnehmen, dass wir jene, die wir nicht zurückschicken, in Container stecken, ihnen jegliches Geldverdienen verweigern und sie wegen jeder Kleinigkeit in bürokratische Marathonläufe verweisen müssen?

Viele Familien schicken in ihrer Verzweiflung gerade ihre Hoffnungsträger, ihre tatkräftigsten und bestausgebildetsten Mitglieder nach Europa, damit sie dort durch harte Arbeit etwas zum Einkommen ihrer zurückgebliebenen Familienmitglieder beitragen können. Diese Menschen werden bei uns jedoch – zwar keineswegs von allen, aber doch von sehr vielen und von bürokratischen

Regeln – so empfangen, als seien sie Arbeitsscheue und Flüchtlinge in unsere sozialen Hängematten, hochgradig Kriminalitätsgefährdete mit dunklen Absichten oder anpassungsunwillige und -unfähige Wilde. Außerdem nehmen andere Länder das »Vorbild«, das wir im Umgang mit Flüchtlingen geben, gern auf – so beispielsweise die Anrainerstaaten von Syrien und Irak. Dort ist es Flüchtlingen, wie bei uns, strikt verboten zu arbeiten. Der Effekt: Wenn den Erwachsenen unter Strafandrohung verwehrt ist, etwas zum Einkommen der Familie beizutragen, dann haben sie oft keine andere Wahl, als dass ihre Kinder arbeiten. Welch ein »humanes« Vorbild geben wir da der Welt?

Je mehr wir dieses Bild unserer Zivilisiertheit, unseres Demokratie- und Partizipationsverständnisses, unseres Verständnisses von Menschenrechten und globaler Verantwortung in die Welt senden, desto mehr tragen wir dazu bei, dass sich der lange Zeit sehr positive Blick auf Europa und den Westen eintrübt und schrittweise mutiert. Wir sollten bedenken, dass uns jede Entscheidung zu weiter verschärfter Abwehrhaltung zu weiter verschärften Abwehrhandlungen treibt, ganz einfach deshalb, weil sie die zugrunde liegenden Probleme nicht löst. Allzu offensichtlich untaugliche Problemlösungen führen uns nur immer weiter in dieses Dilemma der Unmenschlichkeit. Sie untergraben unsere Werte und ruinieren unseren Ruf, sie tragen zur weiteren Eskalation der tatsächlichen Kernprobleme bei und schaffen zusätzlich neue Probleme. Sie treiben immer mehr Menschen in immer tiefere Enttäuschung über Europa und Verzweiflung über ihre eigene so offensichtlich unmenschliche Lebenssituation. Die Gemengelage wird in immer weiteren Variationen immer gefährlicher, letztlich für alle. Die Unterschiede in den Ländern Europas in ihrem Umgang mit den Flüchtenden aus unerträglichen Verhältnissen sollen hier keineswegs übersehen werden. Unter dem Strich gibt Europa jedoch ein ziemlich jämmerliches Bild seiner Werte und Haltungen und seiner Leistungskraft ab. Europa fühlt sich mit einer Million Flüchtlingen von weltweit insgesamt 60 Millionen bereits überfordert. Miniländer wie der Libanon oder Jordanien nahmen zur gleichen Zeit mehr Flüchtlinge auf als ganz Europa. Wenn man die Dichte der im Libanon aufgenommenen Flüchtlinge beispielsweise auf Slowenien übertragen wollte, entspräche dies 2 Millionen Flüchtlingen in diesem kleinen Teil Europas. Aber die meisten Länder Europas sehen ihre Leistungskraft schon mit einem Hundertstel davon vollkommen überfordert. Norbert Blüm hält die Flüchtlingsfrage für »die historische Nagelprobe der Wohlstandsgesellschaften«: »Die Geflüchteten zwingen uns zur Generalinventur unserer Gesellschaft. Welche Werte gelten?«

Wie können wir uns aus dem Dilemma der Unmenschlichkeit befreien?

Wir brauchen dazu auf zwei Fragen gute Antworten, konkret: gute Antworten im Sinne von menschlich gut und gut machbar.

Die eine Frage lautet: Wie schaffen wir eine gute Willkommenskultur und Aufnahmequalität für Migranten, für Asylsuchende, Flüchtlinge und sonstige Zuwanderer? Die zweite, größere Frage: Wie kann eine Maßnahme aussehen, die den Menschen in ihren Heimatländern eine Perspektive für ein würdiges Leben bietet? Interessanterweise stimmt, bei ansonsten sehr weit auseinanderliegenden Ansichten zur Flüchtlingsfrage, eine überwältigende Mehrheit der These zu, dass es die beste Lösung wäre, wenn die Fluchtgründe in den Herkunftsländern beseitigt werden könnten. So richtig und wichtig diese Antwort auf die zweite Frage ist, so wichtig ist auch eine gute Antwort auf die erste Frage. Wenn wir hinlänglich klar erkennen, welch positive, ja unverzichtbare Bedeutung Migration zu allen Zeiten für das Aufblühen von Kulturen hatte, wird es uns kaum noch allzu schwerfallen, gute Antworten zu finden.

Dort, wo »fremde« Menschen zuzogen und freundlich aufgenommen wurden, trug dies zur geistigen Belebung bei und bewahrte vor »geistiger Inzucht«. Allzu abgeschottete Regionen blieben in aller Regel auch vor neuen Impulsen abgeschottet. Kreativität, so weiß man heute durch zahllose Studien und Forschungen aus allen Lebensbereichen, entsteht durch die Begegnung von Menschen mit unterschiedlichen Betrachtungsweisen, Denkmustern und kulturellen Hintergründen. Was wäre die deutsche Geschichte ohne die jüdischen Migranten, die so erstaunlich viele Impulse für das Aufblühen der Kultur und der Wissenschaften in diesem Land gaben? Wie wäre das deutsche Wirtschaftswunder vorstellbar gewesen ohne die Bereitschaft von Millionen Menschen aus anderen Ländern, tatkräftig mit anzupacken und dafür die eigene Heimat hinter sich zu lassen? Wer wollte noch in einem Deutschland leben ohne die um so viele »fremde« Küchen bereicherten kulinarischen Angebote?

Es gibt Tausende von Gründen, »Fremde« willkommen zu heißen und eigenes »Fremdeln« im Umgang mit ihnen zu überdenken und zu überwinden, denn die meisten Menschen, die sich auf den Weg in eine für sie fremde Umgebung begeben, tun dies in der Haltung, alles zu tun, um die dort erhofften besseren Lebenschancen aktiv zu nutzen. Auch für die nächsten Gründe, warum Deutschland Zuwanderung braucht, wie beispielsweise die demografische Schrumpfung oder das Ausbleiben von genügend Fachkräftenachwuchs, ist die Qualität der Willkommenskultur ein entscheidender Erfolgsfaktor für die weitere gedeihliche Entwicklung dieses Landes.

Gleichzeitig kann dies nicht die alleinige und erschöpfende Antwort auf die globale Flüchtlingsfrage sein. Weltweit leben noch immer knapp eine Milliarde Menschen im Zustand permanenter Unterernährung mit nahezu täglichem Hunger. Die Zahl der Umweltflüchtlinge, der Menschen, die in Regionen mit unerträglichen Umweltbelastungen leben und diesen zu entkommen suchen, explodiert. In immer mehr Ländern verbreiten sich immer grauenvollere Formen von Bürgerkrieg und in immer mehr dieser Länder spüren die Menschen, dass sie von außen keine besondere Hilfe erwarten können. Wer kann den Abermillionen, die in tiefer Verzweiflung und all ihrer Lebensgrundlagen beraubt »leben« wie derzeit in Syrien, Irak, Libyen und immer mehr Ländern und Regionen, verdenken, dass sie sich auf den Weg machen in Regionen, wo sie sich würdevolle Lebensbedingungen erhoffen?

Die Zahl der von höchst verständlichen bis brutalsten Fluchtgründen betroffenen Menschen ist gewaltig und scheint täglich weiter anzuwachsen. Und den weitaus meisten dieser Menschen wäre es tausendmal lieber, die Fluchtgründe würden beseitigt, als dass sie sich auf die Flucht begeben müssen. Es ist unsere Menschenpflicht, aus der Position unserer ungleich besseren Verhältnisse eine Antwort zu finden, die gute Bleibegründe und gute Zukunftsperspektiven in der Heimat der Betroffenen schafft.

Globaler Mindestlohn kehrt viele Fluchtgründe um

Die Antwort ist viel leichter, als die meisten Menschen erwarten. Die wichtigste und wirksamste Antwort ist auch bei diesem Thema: ein globaler Mindestlohn. Wenn tatsächlich fast alle Menschen der Meinung sind, der große Teil des Flüchtlingsproblems müsse in den Herkunftsländern gelöst werden, dann müssten diese Menschen das Projekt eines globalen Netto-Mindestlohns von 1 Dollar pro Stunde mit größtem Nachdruck unterstützen. Warum? Weil kein anderes Mittel die Gründe für Flucht derart wirksam umkehrt.

Wie im ersten Kapitel ausgeführt, bedeutet ein solcher globaler Mindestlohn für die Ärmsten in den desolaten Regionen der Welt eine Erhöhung ihres bisherigen Einkommens um bis zum Dreifachen und damit eine schlagartige Verbesserung ihrer Lebenssituation.

Ein derart plötzlicher und deutlicher Zugewinn an Lebensqualität und Lebensperspektiven, dies zeigten das Wirtschaftswunder in Deutschland nach dem Zweiten Weltkrieg ebenso wie die steilen Entwicklungskurven in Malaysia oder China, führt zu einer Fokussierung der betroffenen Menschen auf die Nutzung ihrer neuen Chancen und damit zu einer sozialen Beruhigung. In einer solchen Situation reduziert sich die Erwägung zur Flucht schlagartig.

Durch seine Bindung an eine Abrechnung auf Stundenbasis trägt die von uns vorgeschlagene Form eines globalen Mindestlohns, wie erwähnt, dazu bei, dass Arbeitgeber mehr Menschen anstellen als bisher, da es bei Abrechnung nach geleisteten Stunden viel weniger Sinn ergäbe, die Angestellten möglichst viele Überstunden leisten zu lassen. Dies führt zu einer doppelten Wirkung: Die Zahl der Arbeitslosen wird erheblich reduziert und alle, die Arbeit samt einem erheblich verbesserten Einkommen haben, werden ihr Mehr an Geld und freier Zeit viel aktiver für Lebensgestaltungschancen nutzen.

Diese Menschen mit dann deutlich verbesserten Perspektiven werden ihre neuen Freiheiten dank besserer Einnahmen und mehr Zeit für eigene Lebensgestaltungen jenseits klassischer Arbeitszeit ferner auch dafür nutzen, sich um die Verbesserung der Lebenssituation in ihren Dörfern und Wohngebieten zu kümmern. Dies zeigt das Beispiel der Kleinkreditnehmer von Grameen in Bangladesch wie jenes der Frauen des Women's Empowerment Program in Nepal oder aller anderen wirksamen Maßnahmen für aufholende Entwicklung in der Welt. Mehr gesellschaftliche Partizipation und mehr gesellschaftliches Engagement kann sich zwar durchaus reiben an bürokratischem Verwaltungsgeist vor Ort oder an sonstigen Lobbyinteressen, von welcher Seite auch immer. Aber dies weckt eher den Geist der Selbstbehauptung und der Wahrnehmung eigener Interessen im eigenen Lebensumfeld als die Motivation zur Flucht in ein fernes und fremdes Lebensumfeld. Die Menschen werden also sehr viel stärker motiviert sein, die sozialen, ökologischen, administrativen, demokratischen und sonstigen Herausforderungen in ihrem Umfeld anzugehen, als vor diesen zu fliehen. Auch dies lehrt uns das Beispiel der Geschichte des deutschen Wirtschaftswunders und des darauf folgenden Aufblühens einer sehr lebendigen Zivilgesellschaft.

Welche Gründe würden noch übrig bleiben für eine Flucht in die reichen Länder? Bürger- oder Glaubenskriege sind derzeit ein wesentlicher Fluchtgrund. Wie sich ein Mindestlohn auf diese auswirken könnte, wird im nächsten Kapitel, »Die Dividende Frieden«, diskutiert. Chronische oder akute schwere Umweltprobleme sind eine weitere Kategorie von Fluchtgründen. Welche Effekte ein Mindestlohn auf diese Fluchtgründe haben könnte sowie weitere ergänzende Maßnahmen sind das Thema im Kapitel »Nachhaltigkeit 2.0«. Ein globaler Mindestlohn hat höchst wirksame und nachhaltige Effekte auf praktisch alle bekannten bedeutsamen Fluchtgründe.

Globaler Mindestlohn als Bremse der Arbeitsplatzflucht

Ein Effekt auf einen Fluchtgrund, der bisher eher zulasten der wohlhabenden Länder ging und den ärmeren Ländern zum Vorteil gereichte, sei an den Schluss gestellt. Unter dem Strich kommt dieser Effekt jedoch ebenfalls wieder allen sehr zugute.

Ein Teil der westlichen Gesellschaft blickt mit Sorge auf die Abwanderung von immer mehr Arbeitsplätzen aus den alten Industrienationen in Schwellen- und Entwicklungsländer. Tatsächlich haben sich ganze Industrien aus dem Westen und Norden in den Süden und Osten des Erdballs verabschiedet. Dieser Trend hat mit vielen Faktoren zu tun. Ein Hauptfaktor für die Flucht von vor allem Niedriglohnarbeitsplätzen Richtung Niedriglohnländer ist die über viele Jahrzehnte hinweg immer größer gewordene Lohnkluft zwischen den Wohlstands- und den Armutsregionen der Welt.

Die traditionellen Industriestaaten litten unter dieser Entwicklung nicht nur, ganz im Gegenteil. Ihre Unternehmen profitierten ja nicht nur von den Kosteneinsparungen bei den Löhnen: Sie sparten weitere Kosten beim Transport ein, weil sie näher an den neuen wachsenden Märkten waren; sie beflügelten das Wirtschaftswachstum in den Regionen ihrer neuen Produktionsstätten, was ihren neuen Absatzmärkten weiteren Auftrieb gab; sie hatten aufgrund des globalen Wettbewerbs trotzdem genügend Gründe, weiterhin ihre Technologie voranzutreiben, auch in Richtung weiterer möglicher Kosteneinsparungen.

Für die Bevölkerung in den Industrieländern hatte die Abwanderung vieler traditioneller Industriearbeitsplätze ebenfalls nicht nur Nachteile. Das rasante Wachstum der Weltwirtschaft erhöhte die Nachfrage nach immer mehr und besonders ausgetüftelten Technologieprodukten aus den klassischen Industriestaaten. Ferner entstanden in der globalen Arbeitsteilung einer wachsenden Wirtschaft zahlreiche neue Arbeitsplätze für immer qualifiziertere Arbeiten.

Verlierer waren in den Industrieländern die Beschäftigten in den Niedriglohnsektoren. Je größer die Lohnkluft wuchs zwischen ihren Löhnen und den Löhnen in Ländern, in die die Industriekonzerne immer mehr Industriearbeitsplätze verlegten, desto mehr Druck entstand auf nahezu alle Aspekte ihrer Beschäftigungssituation.

Durch die rasant aufholende wirtschaftliche und zunehmend auch technologische Entwicklung in einer steigenden Anzahl der bisherigen Entwicklungsländer wächst der Druck auf den Niedriglohnsektor im Westen noch weiter. Hinzu kommen die Effekte der Digitalisierung. Immer mehr Arbeit erfolgt mit immer weitreichenderen digitalen Arbeitsmitteln, und durch den immer leichteren und umfassenderen globalen Austausch der Arbeitsergebnisse treten insbesondere viele einfache digitale Arbeitsprozesse in immer stärkere globale Konkurrenz. Was überhaupt kann hier die Perspektive bieten, solche Arbeitsplätze in den traditionellen Industrienationen zu schützen?

Ein globaler Mindestlohn würde zumindest einen allerersten Schutzmechanismus in den Gesamtprozess aller weiteren sich unvermeidlich globalisierenden Arbeitsmärkte einbauen. In den armen Ländern würde ein globaler Mindestlohn den Teufelskreis der Armut durchbrechen. Für die Industrieländer wäre in einer offenen Weltwirtschaft ein globaler Mindestlohn der einzig mögliche Weg zu einer Pufferung an der Front der Niedriglöhne. Nur höhere und wirksame Mindestlöhne in den Armutsregionen der Welt verhindern die ungebremste Eskalation eines globalen Lohndumpingwettbewerbs und damit die allzu schnelle Abwanderung von Arbeitsplätzen aus den alten Industrie- in die aufholenden Staaten.

Das bedeutet keineswegs, dass ein globaler Mindestlohn von 1 Dollar pro Stunde der Maßstab für die Entlohnung im Niedriglohnbereich in Deutschland, Spanien oder Griechenland werden sollte. Glücklicherweise hat die Entwicklung in den aufholenden Ländern den Effekt, dass die Mitarbeiter dort, so wie es in unserer Region der Fall war, mehr vom steigenden Wohlstand abbekommen wollen, also steigende Löhne. Der globale Mindeststundenlohn wird dort den Wohlstand insgesamt weiter deutlich anheben und damit, sobald diese Effekte eingetroffen sind, die weitere Lohnentwicklung schneller nach oben führen. Gleichzeitig haben wir in unseren Wohlstandsländern noch einige Zeit lang eine ganze Reihe von infrastrukturellen Vorteilen, die die aufholenden Länder erst schrittweise ausgleichen können – Vorteile, die den Niedriglöhnern bei uns so lange noch Vorteile und gewisse Schutzeffekte bringen.

Insgesamt wird sich der Einstieg in einen globalen Mindeststundenlohn als sehr wertvolles Instrument erweisen auf dem letztlich unvermeidlichen Weg, die Lebensbedingungen aller Menschen auf diesem Planeten deutlich stärker, und zwar in allen Regionen nach oben, anzunähern. Wer meint, diesen Prozess zu einer globalen Balance aufhalten zu können, der wird, auch wenn er dies sicher nicht will, die Menschheit in einen globalen Bürgerkrieg hineinführen. Wer meint, mehr Wohlstand für die heutigen Armutsregionen der Welt könne unser Planet nicht aushalten, der hat noch nicht verstanden, dass wir nicht umhinkommen werden, beides gleichzeitig zu erreichen.

Die Bitterkeit, die entstehen kann, bringt die Hauptfigur des Films »Der Marsch«, Isa El-Mahdi, in einer Szene zum Ausdruck, als er seine Verzweiflung artikuliert: »Lasst uns nach Europa kommen als eure Haustiere. Wir können Milch trinken,... eure Hand lecken. Wir können schnurren. Und wir sind billiger zu füttern.«

Fragen & Antworten

Ein globaler Mindestlohn mag die Lebensqualität weltweit drastisch verbessern und damit die Fluchtgründe vieler Menschen beseitigen. Was aber ist mit all denen, die vor Krieg und Unterdrückung fliehen?

Der Hauptgrund zur Flucht ist gegenwärtig der sogenannte Islamische Staat und die artverwandten Terrororganisationen. Dieser Fluchtgrund kann sicher nicht allein durch einen Mindestlohn aus der Welt geschafft werden. Dazu müssen selbstverständlich auch andere Maßnahmen ergriffen werden. Beispielsweise könnten die reicheren Länder beziehungsweise die Weltgemeinschaft insgesamt ein sehr starkes Zeichen setzen, indem sie in gesicherten Zonen – deren Sicherheit durch internationale Allianzen garantiert werden müsste – in Syrien, im Irak, in Afghanistan oder deren Nachbarländern Regionen des systematischen Aufbaus von Arbeitsplätzen schaffen, anstatt nur Flüchtlingslager zu errichten. Sie könnten dies mit der Logik des hier vorgestellten Mindestlohns verbinden. Sie würden dadurch ein Zeichen setzen, das den Friedenswillen auch für die umliegenden Konfliktgebiete stärken würde. Perspektive schlägt Perspektivlosigkeit, das gilt für die Motivation zur Bildung wie für die Motivation, sich in der eigenen Region (wieder) eine Zukunftsperspektive aufzubauen.

Für welchen Anteil der Flüchtlinge kann ein globaler Mindestlohn die Fluchtgründe beseitigen?
Die Fluchtgründe ändern sich. Daher kann eine Antwort auf diese Frage immer nur situationsbedingt sein. Viele Experten sagen die größten Flüchtlingsströme voraus für den Zeitpunkt, wenn die Klimawende die Lebensgrundlagen in weiten Landstrichen ruiniert. Ebenso kann die Geschichte aus dem Film »Der Marsch« Realität werden: Die nicht enden wollende Armut Hunderter von Millionen in Afrika organisiert sich durch charismatische Führungspersönlichkeiten zu einer gigantischen Protestbewegung in Richtung Europa. Für nahezu alle Fluchtgründe kann ein Mindestlohn ein zentraler Schlüssel zur Lösung sein. Dies muss jedoch für jeden grundlegenden Fluchtgrund differenziert erläutert werden. Die weiteren Kapitel sprechen daher immer wieder auch die Auswirkung auf das Flüchtlingsthema an.

7 Die Dividende Frieden

Warum Wohlstandsperspektiven die beste Waffe gegen Krieg und Terror sind

Wenn man die Menschheitsgeschichte aus dem Blickwinkel der Eigendarstellungen der Völker und Nationen betrachtet, liest sie sich als eine Geschichte von Herrschern, denen nichts mehr am Herzen lag als der Frieden ihrer Schutzbefohlenen. Lediglich zum Schutz des Friedens ihres Volkes und ihrer Nation bauten sie ihre Wehrhaftigkeit auf. Sie setzten ihre Wehrkraft ein, wenn andere diesen Frieden störten. Wenn sie dabei diesen anderen »zuvorkamen«, so war dies lediglich im Interesse der rechtzeitigen Abwehr drohender Gefahren von außen und im Interesse der Sicherung oder Wiederherstellung des Friedens und der Beweis ihrer klugen Voraussicht. Keineswegs mochten die Herrschenden je irgendeine eigene kriegerische Absicht oder eine unangemessene Überhöhung eigener Interessen bei sich identifiziert sehen.

Die tatsächlichen Ergebnisse dieser Art der Friedensgesinnung und Friedensstiftung kennen wir: ständig weiterentwickelte Aufrüstungen, immer schlimmere Waffen, immer neue Erklärungen, warum »die anderen«

die Friedensstörer sind, immer monströsere Taten und immer neue Formen und Dimensionen von immer weiteren Kriegen – bis heute. Von Anbeginn all dieses kriegsbereiten und kriegerischen Handelns »im Dienste des Friedens« an galt der Satz »Das erste Opfer des Krieges ist die Wahrheit« – vor allem die Wahrheit über die eigenen Gründe, warum für Frieden so viel Krieg notwendig war.

Eine erste Konsequenz aus der Wahrheit dieses Satzes könnte sein: Werfen wir unseren Blick einmal auf die Frage, welche Handlungen in der bisherigen Menschheitsgeschichte *tatsächlich* einen zumindest länger anhaltenden »Frieden als Dividende« hervorbrachten. Zu oft zerstob die im Gegenzug für die eigene »friedensbewahrende« oder »friedensstiftende« Wehrhaftigkeit versprochene Friedensdividende in bitterem Wehklagen. Zu oft mutierte im Erfolgsfall die Friedensdividende zu »gerechter« Wiederherstellung der eigenen Ehre bei gleichzeitig »gerechter« Beutenahme beim besiegten Gegner. Und zu oft lösten sich im Verhältnis zwischen Völkern und Nationen diese beiden Zustände immer wieder ab: Bei Siegen entarteten die Triumphgefühle in Blut- und Racheräusche, und bei Niederlagen zerstoben alle Hoffnungen auf zuvor versprochene Friedensdividenden und wuchs stattdessen eine neue Hoffnung: die Hoffnung auf einen möglichst baldigen Rachefeldzug. Es lohnt also ein Blick auf die Grundlagen *tatsächlicher* Friedensdividenden, die den Namensbestandteil Frieden verdienen. Auch dafür gibt es glücklicherweise historische Beispiele.

Eine wirkliche Friedensdividende ist immer verbunden mit einer würdevollen und positiven Zukunftsperspektive für alle – die Sieger wie die Verlierer. Sie sichert dadurch – und nur dadurch – einen lang anhaltenden Frieden.

Die »Dividende Frieden« nach den Lernprozessen nach dem Zweiten Weltkrieg

Ein derartige »Dividende Frieden« ist beispielhaft zu besichtigen als Ergebnis von Schlussfolgerungen, die wichtige Entscheidungsträger zogen unter dem Eindruck des Zweiten Weltkriegs, der bekanntlich die größten Zerstörungen anrichtete, die ein Krieg überhaupt je verursachte.

Eine dieser Entscheidungen bezog sich auf die beiden Hauptschuldigen am Zweiten Weltkrieg: Deutschland und Japan. Die westlichen alliierten Siegermächte zogen die Konsequenz aus den Lehren nach dem Ersten Weltkrieg. Damals hatte man Deutschland hohe Reparationszahlungen und andere Entwicklungshemmnisse aufgebürdet. Nach dem Zweiten Weltkrieg gab es durchaus ähnliche und wegen der noch viel größeren Schuld weit radikalere Vorschläge für Strafmaßnahmen. Der Morgenthau-Plan sah vor, Deutschland zu entindustrialisieren und ihm lediglich das Dasein eines reinen Agrarlandes zu erlauben. Die westlichen Alliierten entschieden sich jedoch für einen anderen Weg: Sie reichten sowohl Japan als auch Deutschland die Hand zur Integration in die westliche Wertegemeinschaft. Dies bedeutete insbesondere: demokratische Verfassung und Strukturen sowie marktwirtschaftliche Wirtschaftsordnung. Beide Länder entwickelten sich diesbezüglich in der Folge vergleichsweise besonders positiv.

Ferner erkannten Frankreich und Deutschland, dass sie ihre jahrhundertelange Erzfeindschaft überwinden mussten, um nicht nur die Beziehung zueinander, sondern auch die Beziehungen auf dem europäischen Kontinent insgesamt besser und stabiler zu gestalten. Die Beziehung beider Länder entwickelte sich auf dieser Grundlage in einer Weise, wie sich dies kaum jemand zuvor vorstellen konnte. Als gemeinsames Projekt ging man darüber hinaus die Einigung Europas an. Schritt für Schritt trieben Frankreich und Deutschland die wirtschaftliche Integration und die Erweiterung eines europäischen Wirtschaftsraums voran, gefolgt von immer weiteren Bereichen des sozialen, kulturellen und politischen Lebens. Die »Dividende« dieses Handelns war ein erstaunlich stabiler Friedensraum, jedenfalls im Vergleich zu den vielen Jahrhunderten zuvor, und außerdem ein so stark aufblühender Wirtschaftsraum, wie dies selbst das schon längere Zeit vergleichsweise wohlhabende Europa nicht kannte. Über viele Jahrzehnte weitete sich durch die europäische Wirtschaftsintegration auch der Kreis der wirtschaftlichen Gewinner immer weiter aus.

Noch eine dritte positive Lehre zog die – in diesem Fall sogar fast gesamte – Welt aus der historischen Katastrophe des Zweiten Weltkriegs. Man bildete die Vereinten Nationen. Man einigte sich auf gemeinsame Grundsätze, die in einem Dokument festgehalten sind, das mit der Formulierung »We the Peoples« beginnt. Tatsächlich liest sich die am 26. Juni 1945 verabschiedete Charta der Vereinten Nationen so, als hätte man sich bereits ganz nahe am Status einer Weltverfassung für ein »Weltvolk« verständigt. Bei der Definition der Organe der Vereinten

Nationen und der Abfassung von deren Entscheidungsrechten zu globalen Fragen wurde jedoch deutlich, dass die Träger dieses Gründungsvertrags doch kein Weltvolk waren, sondern Nationen, die nicht bereit waren, besonders viel Souveränität an eine globale Ebene abzutreten. Selbst das machtvollste Organ der Vereinten Nationen, der Weltsicherheitsrat, wurde sofort wieder »entmachtet«, sobald irgendein Thema und Handlungsvorschlag oder auch nur eine Kritik den Interessen einer einzigen der fünf Vetomächte widersprach.

Trotz der bis heute in der Substanz wenig veränderten Geburtsschwächen der Vereinten Nationen stellt diese Organisation mit all ihren Organen und Sonderorganisationen, historisch gesehen, einen Meilenstein in der Menschheitsgeschichte dar. Sie ist ein Forum globalen Austauschs und vor allem ein Forum für den Abgleich und auch die tatsächliche Lancierung immer neuer Initiativen, die im Interesse des Wohls der gesamten Weltbevölkerung und im Interesse des unteilbaren Planeten Erde sind. Längst nicht alle Themen von globalem Belang werden dort vorangetrieben und vor allem beileibe nicht handlungskräftig genug. Aber noch nie zuvor gab es eine Einrichtung, in der über die globalen Themen im weltweiten Austausch von Politik, Wirtschaft und Zivilgesellschaft in irgendeiner vergleichbaren Intensität diskutiert wurde und – Schritt für Schritt – ein Ringen um immer bessere Lösungen stattfindet.

Zusammengefasst kann man in diesen drei in historischer Sicht trotz aller Mängel dennoch höchst wertvollen Entwicklungen wichtige Elemente von »Dividenden« erkennen, die den Namen »Friedensdividende« verdienen. Was aber sind die *Wesensmerkmale*, die im

Ergebnis zu tatsächlichen »Dividenden echter Friedensstiftung« führen?

Im ersten Fall – der Integration von Deutschland und Japan in die westliche Wertegemeinschaft anstatt deren Exklusion in einen Zustand dauerhafter Brandmarkung und Schwächung – waren dies die friedensstiftenden Faktoren: stärkere Partizipation der Bevölkerung an gesellschaftlichen Entscheidungsprozessen in einem demokratischen Ordnungsrahmen und die Freiheit zu zivilgesellschaftlicher Organisation und Aktivität durch eine demokratische Gesellschaftsordnung, wirtschaftliche Freiheit und Entwicklungsperspektiven durch marktwirtschaftliche Ordnung. Im zweiten Fall – den Initiativen zur europäischen Einigung – waren die friedensstiftenden Faktoren folgende: Wohlstand generierende Maßnahmen und Ordnungsstrukturen jenseits der Nationen, freier Austausch der Menschen und Waren in einem gemeinsam geschaffenen und gewachsenen Raum, Förderung der Kooperation über die nationalen Grenzen dieses Raums hinweg in allen Lebensbereichen. Und im dritten Fall – der Entstehung der Vereinten Nationen – entwickelten diese Faktoren friedensstiftende Dividenden: Austausch über die globale Dimension fast aller Herausforderungen einer interdependenten Menschheit und Etablierung von Einrichtungen zum globalen Ringen um schrittweise wirksamere Aktivitäten, die einer zusammenwachsenden Menschheit gerecht werden.

Diese Faktoren für gelungene »Dividenden«, die uns wertvolle Etappen Richtung Frieden beschert haben – zumindest für ungewöhnlich viele Jahrzehnte in Europa und zumindest im Sinne der Vermeidung eines neuen großen Weltkriegs – sind im Kern auch die Faktoren, die uns auf diesem Weg in Richtung einer Zukunft eines nachhaltigen Friedens weiterführen. Dringend erforderlich ist jedoch, dass wir uns ihrer Bedeutung wieder hinlänglich bewusst werden, denn hier scheint in jüngerer Zeit etliches in Vergessenheit geraten zu sein.

Auf die größten Herausforderungen, vor denen die Menschheit heute steht, wurden einige der wichtigsten und im historischen Vergleich erstaunlich bewährten friedensstiftenden Faktoren bislang nicht angewandt. Ferner kommen neue Herausforderungen hinzu, angesichts derer wir uns die Frage neu und offen stellen müssen, welche friedenstiftenden Faktoren dabei wirkungsvoll sein können.

Die heutigen Friedensanforderungen

Während Europa, zumindest bis zu einem gewissen Grad, für eine relativ gute Balancierung der Wohlstandsentwicklung in seinen Ländern Sorge trug, vertiefte sich die Wohlstandskluft zwischen den Industrieländern und großen Teilen der Bevölkerung in den Schwellen- und Entwicklungsländern ungebremst weiter. Hinzu kommt, dass immer mehr Menschen, die bereits in die untere bis mittlere Mittelschicht aufgestiegen waren, sich wirtschaftlich abgehängt und oft auch politisch nicht mehr gehört fühlen und infolgedessen von zunehmenden Abstiegs- beziehungsweise Verlustängsten geplagt sind. Die Ursachen können ganz unterschiedlich sein. In manchen Gegenden sind es die Auswirkungen einer immer zügelloser werdenden Gier nationaler oder internationaler Eliten, die sich auf ein allzu neoliberales Verständnis von Marktwirtschaft berufen. In anderen sind es versteppende Böden, verseuchtes Wasser oder sonstige sich verschärfende Umweltschädigungen, in wieder anderen nationale und ethnische Verwerfungen.

In der Soziologie nennt man das Phänomen der Verlustängste *Deprivation*. Menschen, die unter Deprivation leiden, erwiesen sich zu allen Zeiten für den sozialen Frieden als weitaus gefährlicher als Menschen im Zustand dauerhafter Resignation, und wir leben heute in einer Zeit besonders vielfältiger und breit skalierter Deprivationszustände. Die Menschen in den Slums indischer oder nigerianischer Megastädte, in den entlegensten ländlichen Regionen der Sahara oder den südamerikanischen Gebirgszonen bekommen nahezu alle über TV-Bildschirm mit, wie der Wohlstand auf den »Inseln der Reichen« – ob in ihrem eigenen Land oder in entfernten Weltregionen – immer exzessiver wird. Sie erleben dadurch einen vergleichsweise immer größeren Abstand zu jeglichen Wohlstandsperspektiven für sich und ihre Familien. Die permanente Veranschaulichung dieser Form ihres Abstiegs und Perspektivenverlusts lässt ihre lang währende Depression an immer mehr Orten auf unserem Planeten in eine konfliktträchtigere Form der Deprivation mutieren.

Selbst in Europa und anderen Wohlstandsregionen wächst die Zahl der von Abstiegs- und Verlustängsten betroffenen Menschen in eine nicht mehr für möglich gehaltene Dimension. Hier sind es in erster Linie die Folgen der Finanzkrise mit einer sehr einseitigen Bankenrettung und radikalen Sparpolitik, die vor allem Menschen mit geringerem Einkommen und schlechterer Ausbildung treffen. Wenn selbst Länder wie Spanien oder Italien der Hälfte ihrer jungen Menschen keine Berufsperspektive mehr bieten können, greift die dadurch evident werdende Angst auch auf andere Bevölkerungskreise über.

Noch nicht absehbar sind die Auswirkungen der völlig neuen und absurden Art von Sozialismus, wie wir sie in den Jahren nach dem Finanzkollaps 2008 eingeführt und fest verankert haben – eine Art »Banken-« beziehungsweise »Finanzinstitute-Sozialismus«: Die *Gewinne* der Finanzinstitutionen, so war es seit Einführung des Kapitalismus, sind gut abgesichert *individualisiert*. Neu ist, wie konsequent und umfassend deren *Verluste* inzwischen *sozialisiert* werden, sprich: Sobald Finanzinstitute als »too big to fail« eingestuft werden, können sie sich darauf verlassen, dass für ihre Verluste gegebenenfalls der Steuerzahler aufkommt. Jüngste Analysen selbst konservativer Institute zeigen: Eine Reihe der betreffenden Finanzinstitute versteht dies als Einladung, noch ungehemmter zu zocken als vor der Finanzkrise, die sie verursacht haben. Ein solches System radikal individualisierter Gewinne und gleichzeitig radikal kollektivierter Verluste gefährdet wie nichts zuvor nahezu alle Errungenschaften der bisherigen Zivilisation und setzt immer größere Teile der Weltgesellschaft in *allen* Regionen der Welt der Gefahr tiefer Deprivation aus – mit völlig unabsehbaren Folgen.

Aber auch andere Faktoren wie der ungebremste demografische Wandel tragen zu dem Prozess immer weiter um sich greifender Verlustängste bei.

Die Aussicht auf steigenden Wohlstand, auch wenn es

nur ein sehr geringer Zuwachs wäre, greift für viele Menschen weltweit nicht mehr. Selbst in Volkswirtschaften wie China, die 25 Jahre lang rapide gewachsen sind, nehmen soziale Spannungen rasant zu, weil die ökologischen und sozialen Folgen des Aufschwungs sichtbar werden und die wirtschaftliche Entwicklung nicht zu einer *gesamtheitlichen* Entwicklung *aller* Wohlergehensfaktoren führt.

Wir brauchen daher dringend eine Antwort auf diesen globalen Deprivationsprozess. Wir brauchen ein Wachstum, das sich von einem reinen Wirtschaftswachstum weiterentwickelt zu einem umfassenderen Wachstum an Wohlergehen und sozialer Sicherheit. Und wir brauchen eine globalverantwortliche und global handlungsfähige Ordnungspolitik, die uns vom Irrweg eines Finanzinstitute-Sozialismus und einer global sich ausbreitenden Deprivation abbringt.

Ein anderes Friedenserfordernis in dieser Zeit hat mit Konflikt*austragung* zu tun. Die traditionellen Industrienationen haben – letztlich auch zur Sicherung ihres Wohlstands – haushoch überlegene Waffensysteme entwickelt. Sie wollen dadurch kriegerische Konfliktaustragungen vermeiden, weil sich, so die Hoffnung, niemand mit einer Macht anlegen wird, die potenzielle Gegner in kürzester Zeit vernichten könnte. Diese höchst ungleiche Wehrkraft führte jedoch zu einem gänzlich anderen Ergebnis: Es förderte die Fantasie bei der Entwicklung asymmetrischer Konfliktaustragung, denn wer keine Chance sieht, Konflikte auf gleicher Augenhöhe auszutragen – ob friedlich oder unfriedlich –, sucht nach anderen Mitteln und Wegen. Wir lernten in den letzten Jahren immer zynischere und monströsere Variationen von terroristischen Anschlägen kennen. Sicher haben wir in dieser Gewaltform längst nicht das Ende der Fantasie und der Zerstörungswut kennengelernt.

Faktoren, die im Zeitalter breiter Deprivation und asymmetrischer Kriegsformen zu Frieden führen können

Wie können wir angesichts dieser neuen Herausforderungen Faktoren ersinnen, die nachhaltig friedensstiftende Effekte bewirken, also »Frieden als Dividende« klug vorausgedachter Handlungsweisen?

Es wird nicht überraschen, wenn wir hier erneut auf die Wirkungen eines globalen Mindestlohns verweisen. Dieser wird die Zukunftsperspektiven von etwa einem Drittel der Menschheit nachhaltig verändern. Er wird darüber hinaus eine neue Art von Diskussion in die Welt bringen: Gibt es weitere Maßnahmen im selben Geiste, die für die Massen der Deprivierten, auch in den wohlhabenderen Ländern, analoge Wirkungen erzielen? Im letzten Kapitel dieses Buches werden wir auf eine weitere derartige Maßnahme zu sprechen kommen. Wenn der Durchbruch gelingt, am Beispiel des globalen Mindestlohns tatsächlich über weitere kühne, globale und möglichst wettbewerbsneutrale Maßnahmen nachzudenken und sie öffentlich zu diskutieren, wird als Dividende Hoffnung entstehen – Hoffnung, dass wir auf die anstehenden Herausforderungen mehr global wirksame Lösungen finden.

Natürlich, darüber müssen wir uns im Klaren sein, kann jede Hoffnung wieder verspielt werden, wenn die

Menschen den Eindruck gewinnen, dass derartige Maßnahmen von interessierter Seite für ihre Interessen verdreht werden. Wachsamkeit gegenüber offenen und verdeckten anders strukturierten Interessenlagen ist bei jedem Thema unverzichtbar.

Über welche Ideen für eine friedlichere und bessere Welt, die über den Ansatz eines globalen Mindestlohns hinausgehen, wir auch künftig nachdenken werden: Wohlergehen generierende Effekte sind eine zentrale, nachhaltig friedensstiftende Antwort. Nur müssen alle Ideen, die darauf abzielen, sich definitiv und unumgänglich auf die globale Dimension beziehen, nicht nur auf einige Regionen der Welt. Und diese Art von Antwort kann heute nicht mehr einseitig vor allem auf materiellen Wohlstand verengt sein, sie muss ein umfassendes Wohlergehen im Auge haben, einschließlich eines ökologischen und eines die Menschen sowohl einzeln wie in ihrem Zusammenwirken empowernden Wohlergehens. Dass ein globaler Mindestlohn genau diese umfassenderen Wohlergehensaspekte generiert und fördert, haben wir ausführlich dargestellt.

Eine zweite Antwort liegt auf der Linie der klugen Maßnahmen nach dem Zweiten Weltkrieg. Gemeint ist die Etablierung eines ganzen Systems von internationalen Organisationen. In diesem Feld muss jedoch ebenfalls ein weiter gehender Schritt getan werden: Diese Organisationen brauchen für die völlig neue Dimension globalen Handlungs*bedarfs* eine grundlegend andere Qualität von Handlungs*fähigkeit*. Mehr globale Handlungsfähigkeit funktioniert aber nur mit einer gleichzeitig völlig neuen Qualität demokratischer Legitimation von global agierenden Organisationen. Der Geist dieser neuen Generation globaler Organisationen muss Abschied nehmen von »inter*nationalem* Denken« im Sinne des Abgleichs nationaler Interessen bei internationalen Herausforderungen. Dieses Denken muss sich konsequent transformieren in ein Denken, das in *globaler* Verantwortung Überlegungen anstellt und mit hinlänglich *globaler* Handlungsfähigkeit auf der Grundlage globaler Legitimation operieren kann. Damit ist keineswegs ein weiteres Aufblähen bürokratischer Monstereinrichtungen gemeint. Monsterbürokratien sind nur notwendig, wenn wir weiter festhalten an Prozessen äußerst zäher internationaler Interessenkompromisse. Die Europäische Union ist da nur teilweise ein Vorbild. Wir müssen im Sinne globaler Handlungsfähigkeit und globaler demokratischer Entscheidungsstrukturen neue Dimensionen globalen Denkens und Handelns eröffnen. Im vorletzten Kapitel werden wir auch dazu weitere konkrete Vorschläge ansprechen.

Fragen & Antworten

Kann ein globaler Mindestlohn auch bei kriegerischen Auseinandersetzungen helfen, die von Machthabern für den Erhalt ihrer Partikularinteressen und jener ihrer Klientel angezettelt werden?

Ein Mindestlohn stärkt das Heranwachsen einer selbstbewussten und mündigen Zivilgesellschaft. Je mündiger eine Zivilgesellschaft, desto weniger lässt sie sich in kriegerische Auseinandersetzungen hineinziehen und desto kreativer wird sie darin, derartige Konfliktsituationen in Richtung friedlicher Lösungen zu beeinflussen. Das

»Quartett für einen nationalen Dialog« aus Arbeitgeberverband, Gewerkschaftsverband, Anwaltsverein und Menschenrechtsorganisation in Tunesien, das 2015 den Friedensnobelpreis erhielt für die eigenmächtige und erfolgreiche Erarbeitung einer Verfassung, ist ein gutes Beispiel hierfür.

Was wäre ein Beispiel für einen Durchbruch, den die Einführung eines globalen Mindestlohns für andere vergleichbare Konzepte und Forderungen bewirken könnte?
Die Einführung einer grundlegenden sozialstaatlichen Absicherung für jene Menschen in der Welt, die bisher ohne jegliche soziale Absicherung auskommen müssen, wäre ein solches Beispiel. Darauf kommen wir später noch zurück. Ein weiteres Beispiel ist das seit vielen Jahren diskutierte, aber bis heute nicht verwirklichte Weltparlament bei den Vereinten Nationen, das nicht von den Nationen bestimmt würde, sondern aus direkten Wahlen des Weltvolks hervorginge. Dadurch würde ein Demokratisierungsprozess bei den Weltorganisationen initiiert werden.

8 Millenniumsziele & Global Goals

Wie die noch nicht erreichten Millenniumsziele und die neuen Global Goals erreicht werden können

Die Vereinten Nationen erarbeiteten in Zusammenarbeit mit mehreren Nichtregierungsorganisationen sowie der Weltbank und der OECD zum Millenniumsjahr 2000 eine Liste von acht Zielen mit insgesamt 21 konkretisierenden Unterzielen, die bis zum Jahr 2015 erreicht sein sollten (Ausgangsbasis war bei allen Zielen das Jahr 1990):

- Bekämpfung von extremer Armut und Hunger – konkret: Halbierung der Anzahl der Menschen, die von weniger als 1 Dollar am Tag leben müssen, Halbierung der Zahl der Menschen, die Hunger leiden, Vollbeschäftigung für alle in ehrbarer Arbeit;
- Primarschulbildung für alle einschließlich Abschluss;
- Gleichstellung der Geschlechter/Stärkung der Rolle der Frauen – konkret: das Geschlechtergefälle in der Primar- und Sekundarschulbildung möglichst bis 2005 und auf allen Bildungsebenen bis spätestens 2015 beseitigen;

- Senkung der Kindersterblichkeit – konkret: um zwei Drittel der Unterfünfjährigen, heißt von 10,6 auf 3,5 Prozent;
- Gesundheitsversorgung für Mütter – konkret: Senkung der Sterblichkeitsrate von Müttern um drei Viertel und allgemeiner Zugang zu reproduktiver Gesundheit;
- Bekämpfung von HIV etc. – konkret: Die Ausbreitung von HIV, Malaria und anderen schweren Krankheiten zum Stillstand bringen und eine Trendumkehr bewirken, bis 2010 weltweiten Zugang zu medizinischer Versorgung für alle HIV-Infizierten erreichen;
- Ökologische Nachhaltigkeit – konkret: die Grundsätze der nachhaltigen Entwicklung in der Politik und den Programmen der einzelnen Staaten verankern und die Vernichtung von Umweltressourcen eindämmen, den Verlust der Biodiversität verringern, bis 2010 eine signifikante Drosselung der Verlustrate erreichen, bis 2015 den Anteil der Menschen ohne dauerhaft gesicherten Zugang zu hygienisch einwandfreiem Trinkwasser von 65 auf 32 Prozent senken und bis 2020 eine deutliche Verbesserung der Lebensbedingungen von mindestens 100 Millionen Slumbewohnern bewirken;
- Aufbau einer globalen Partnerschaft für Entwicklung – konkret: weitere Fortschritte bei der Entwicklung eines offenen, regelgestützten, berechenbaren und nicht diskriminierenden Handels- und Finanzsystems, was die Verpflichtung zu verantwortungsvoller Regierungsführung, zu Entwicklung und zur Senkung der Armut sowohl auf nationaler wie internationaler Ebene umfasst; Berücksichtigung der be-

sonderen Bedürfnisse der am wenigsten entwickelten Länder, was den Abbau von Handelshemmnissen, Schuldenerleichterung und -erlass, besondere finanzielle Unterstützung der aktiv um Armutsminderung bemühten Länder beinhaltet; den besonderen Bedürfnissen der Binnen- und kleinen Insel-Entwicklungsländern Rechnung tragen; umfassende Anstrengungen auf nationaler und internationaler Ebene zur Lösung der Schuldenprobleme der Entwicklungsländer; in Zusammenarbeit mit den Entwicklungsländern Strategien zur Schaffung menschenwürdiger und sinnvoller Arbeitsplätze für junge Menschen erarbeiten und umsetzen; in Zusammenarbeit mit den Pharmaunternehmen Zugang zu unentbehrlichen Arzneimitteln zu erschwinglichen Preisen in Entwicklungsländern gewährleisten und in Zusammenarbeit mit dem privaten Sektor dafür sorgen, dass die Vorteile neuer Technologien, insbesondere von Informations- und Kommunikationstechnologien, von Entwicklungsländern genutzt werden können.

Die Meinungen, inwieweit diese Ziele erreicht wurden, gehen auseinander. Nicht wenige sehen sie nur in drei der 21 Unterpunkte vollständig erreicht, und selbst da muss man sich sowohl Ursachen wie Ergebnisse genauer ansehen.

So ist das Hauptziel, die Zahl der extrem Armen von 1990 bis 2015 zu halbieren, nur dann verwirklicht, wenn man als Bewertungsgrundlage durchgängig den anfänglichen Betrag von 1 Dollar pro Tag nimmt. Die Grenzmarke für absolute Armut wurde jedoch bereits vor zehn Jahren offiziell auf 1,25 Dollar erhöht. Außerdem fand die mit Abstand größte Armutsüberwindung allein in China statt. Dort hat sich der Anteil der extrem Armen zwischen 1990 und 2010 von 60 auf 12 Prozent verringert; das sind bereits deutlich mehr als eine halbe Milliarde Menschen. Auf den Rest der Welt bezogen verbleiben somit nicht viel mehr als 100 bis 150 Millionen, die diesen Sprung geschafft haben, wovon wiederum etwa die Hälfte auf Bangladesch entfällt. Dort erwies sich als Haupteffekt der Einsatz von Mikrofinanzkonzepten durch die Grameen Bank und ähnliche Institutionen. Auch in anderen Ländern spielten Mikrofinanzeinrichtungen – und somit eine soziale Innovation, die aus der Zivilgesellschaft hervorging und nicht aus staatlichem Handeln beziehungsweise dem Handeln internationaler Organisationen – eine wichtige Rolle. Ferner: Im Afrika südlich der Sahara reduzierte sich zwar der Anteil der extrem Armen um acht Prozent, ihre absolute Zahl wuchs jedoch aufgrund des starken Bevölkerungswachstums von 290 auf 420 Millionen.

Ähnlich sieht die Situation bei dem zweiten formal erreichten Ziel aus. Die Lebensbedingungen von mindestens 100 Millionen Slumbewohnern haben sich nach den ausgewählten Kriterien zwar verbessert, gleichzeitig stieg aber die absolute Zahl der Slumbewohner durch den globalen Trend der Verstädterung erheblich an. Zu untersuchen wäre auch, wie sich die heutige Lage der Slumbewohner darstellt, welche Problemlagen sich verbessert und welche neuen sich gegebenenfalls seither entwickelt haben. Erreicht wurde das Ziel, den Anteil der Menschen zu halbieren, die keinen Zugang zu sauberem Trinkwasser haben. Noch immer müssen aber eine Milliarde Menschen schmutziges Wasser trinken.

Die Erfolge, auch bei jenen Millenniumszielen, die nicht erreicht wurden, sollen hier nicht kleingeredet werden. Wenn heute noch 850 Millionen Menschen und somit 14 Prozent der Weltbevölkerung mit chronischem Hunger leben, dann zählt jeder einzelne Mensch, der von Hunger befreit wurde, als humanitärer Erfolg. Nichtsdestotrotz müssen wir die Erfolge hinterfragen: Reicht ein Fortschritt an dieser Front aus, wenn er noch immer sehr weit hinter dem durchschnittlichen Wohlstandsfortschritt der Menschheit hinterherhinkt? Denn das bedeutet im Klartext: Die Kluft wird immer größer. Reicht ein Fortschritt in Prozentzahlen, während die absolute Zahl der von Hunger, Verslumung usw. Betroffenen immer weiter steigt? Reicht ein Fortschritt in Bereichen, die man vor 15 und 25 Jahren im Blick hatte, während sich neue Formen von Krisenerscheinungen dramatisch zuspitzen, wie die exorbitante Zunahme von Flüchtlingen, der Zerfall von Staaten, die Eskalation von Extremismus und Terrorismus etc.? Reicht es, wenn manche ambitionierten Ziele erreicht, aber andere existenzielle weit verfehlt werden? So hat sich der CO_2-Ausstoß seit 1990 weltweit um 50 Prozent erhöht statt reduziert. Fast ein Drittel der Meere ist überfischt. Insbesondere in Südamerika und Afrika werden jährlich Millionen Hektar Wald zerstört. Das Artensterben setzt sich unvermindert fort. Was nützt am Ende sektoraler Fortschritt, wenn das Ökosystem Erde weiter munter zerstört wird und die Auswirkungen daraus sich auf akute globale Krisenszenarien vor allem für die Schwächeren und Ärmeren in der Welt zubewegen?

Die neuen Global Goals systemisch denken und definieren

Die Definition der Millenniumsziele im Jahr 2000 war ohne Frage ein überaus kostbarer Meilenstein in der Geschichte der Menschheit. Wenn wir hier dennoch nicht in Euphorie verfallen, so deshalb, weil die Auswirkungen menschlichen Handelns längst ein Stadium erreicht haben, das eine deutlich grundlegendere Qualität menschheitlichen Handelns erfordert. Jegliche Problemlösung *unterhalb* eines *systemischen Denkens und Handelns in den Dimensionen »Erde als Ganzes« und »Menschheit als Ganzes«* würde sich als fatale Selbsttäuschung, als Selbstbetrug erweisen.

Systemisch auf dieser weltumspannenden Ebene von Erde und Menschheit zu denken bedeutet für das Konzept-Design, die Ausgestaltung der neuen Millenniumsziele, der »Agenda 2030«, die als »Global Goals« bezeichnet werden, Folgendes:

Die humanitären und die ökologischen Ziele sind untrennbar miteinander verknüpft. Von Zielerreichung kann nur dann gesprochen werden, wenn *alle* definierten Ziele ohne Ausnahme erreicht werden.

Ferner muss der Blick permanent auf neu aufkommende globale Herausforderungen gerichtet werden. Diese müssen jeweils sehr zeitnah in die systemische Zieldefinition aufgenommen werden, nicht erst nach Ablauf der Zeitspanne von 15 Jahren, für die die Global Goals formuliert wurden.

Ein dritter Aspekt betrifft die Handlungsmacht der politisch gestaltenden Akteure. Dies sind insbesondere die Nationen, denn, wie schon gesagt, auch auf übernationaler Ebene handelnde Organisationen wie die Vereinten Nationen sind inter*nationale* Einrichtungen, in denen in den wirklich entscheidenden Fragen die Abstimmung zwischen den Nationen erfolgt. Weder die Qualität noch die Geschwindigkeit der Entscheidungen solcher Organisationen noch die von ihnen für globale Herausforderungen zur Verfügung gestellten Mittel reichen aus, um eine auch nur entfernt hinlänglich systemische Handlungsmacht zu generieren. Die Mittel für entwicklungspolitische Maßnahmen, die den Hauptbereich der Millenniumsziele von 2000 darstellten, sind während deren Bezugszeitraums zwischen 1990 und 2015 nicht gestiegen, bezogen auf den Anteil am BIP der Länder sogar gesunken. Wie soll dies ausreichen für die dramatisch großen Herausforderungen? Wie die Finanzierung der neuen Global Goals sichergestellt werden soll, blieb bisher völlig offen.

Ein vierter Aspekt systemischen Denkens und Handelns dreht sich um die Frage, welche Maßnahmen sich durch besonders systemisch-ganzheitliche Wirkungen hervortun. Dieses Buch konzentriert sich auf zwei derartige Maßnahmen, den globalen Mindestlohn und einen weiteren Vorschlag, der in Kapitel 12 erläutert wird. Die Frage besonders systemisch wirkungsvoller Maßnahmen sollte jedoch darüber hinaus generell zu einer Schlüsselfrage bei der Umsetzung der Agenda 2030 erhoben werden. Die systemische Wirksamkeit eines globalen Mindestlohns für das Zielespektrum der Millenniumsziele wurde in den einzelnen Kapiteln dieses Buches bereits ausführlich diskutiert. Was sind nun die neuen Global Goals?

Die Global Goals für 2015 bis 2030

Anfang August 2015 einigten sich die an der dreijährigen Ausarbeitung der neuen Global Goals Beteiligten auf deren Endfassung und übergaben sie den Vereinten Nationen. Am 25. September 2015 nahm die Generalversammlung die Agenda 2030 mit folgenden 17 Kernzielen, die ihrerseits in 169 Unterzielen näher präzisiert sind, an:

- Armut in jeder Form und überall beenden (gemeint ist »extreme Armut« nach der Definition der Vereinten Nationen, was einem verfügbaren Einkommen von 1,25 Dollar pro Tag entspricht).
- Den Hunger beenden, Ernährungssicherheit und eine bessere Ernährung erreichen sowie eine nachhaltige Landwirtschaft fördern.
- Ein gesundes Leben für alle Menschen jeden Alters gewährleisten.
- Möglichkeiten des lebenslangen Lernens für alle fördern.
- Geschlechtergerechtigkeit und Selbstbestimmung für alle Frauen und Mädchen erreichen.
- Verfügbarkeit und nachhaltige Bewirtschaftung von Wasser und Sanitärversorgung für alle gewährleisten.
- Zugang zu bezahlbarer, verlässlicher, nachhaltiger und zeitgemäßer Energie für alle sichern.
- Dauerhaftes, inklusives (niemanden ausgrenzendes) und nachhaltiges Wirtschaftswachstum, produktive Vollbeschäftigung und menschenwürdige Arbeit für alle fördern.

- Eine belastbare Infrastruktur aufbauen, inklusive und nachhaltige Industrialisierung fördern und Innovationen unterstützen.
- Ungleichheit innerhalb von und zwischen Staaten verringern.
- Städte und Siedlungen inklusiv, sicher, widerstandsfähig und nachhaltig machen.
- Für nachhaltige Konsum- und Produktionsmuster sorgen.
- Umgehend Maßnahmen zur Bekämpfung des Klimawandels und seiner Auswirkungen ergreifen.
- Ozeane, Meere und Meeresressourcen im Sinne einer nachhaltigen Entwicklung erhalten und nachhaltig nutzen.
- Landökosysteme schützen, wiederherstellen und ihre nachhaltige Nutzung fördern, Wälder nachhaltig bewirtschaften, Wüstenbildung bekämpfen, Bodenverschlechterung aufhalten und umkehren und den Biodiversitätsverlust stoppen.
- Friedliche und inklusive Gesellschaften im Sinne einer nachhaltigen Entwicklung fördern, allen Menschen Zugang zur Justiz ermöglichen und effektive, rechenschaftspflichtige und inklusive Institutionen auf allen Ebenen aufbauen.
- Umsetzungsmittel stärken und die globale Partnerschaft für nachhaltige Entwicklung wiederbeleben.

Bemerkenswert an der Agenda 2030, an den Global Goals, ist zum einen die Tatsache, dass sie nicht mehr lediglich Ziele für die Entwicklungs- und Schwellenländer enthält, sondern ebenso für die Industrieländer. Dies kann und wird hoffentlich dazu führen, dass die

Global Goals auch bei uns in der permanenten gesellschaftlichen und politischen Diskussion bleiben. Die Millenniumsziele wurden noch fast ausschließlich als Thema für Entwicklungshilfeeinrichtungen behandelt, die Global Goals hingegen definieren gesamtmenschheitliche Ziele und fordern einschneidendes und zielführendes Agieren von allen Staaten und allen Menschen weltweit.

Ferner wird erstmals ein Datum – das Jahr 2030 – gesetzt für das gemeinsame Ziel, endlich zumindest die extreme Armut von diesem Planeten zu eliminieren. So wertvoll diese Zielfassung ist, sollten wir dennoch nicht zufrieden sein, wenn niemand mehr weniger als 1,25 Dollar pro Tag zum Leben zur Verfügung hat, denn diese Marke ist außerordentlich weit weg von einem auch nur entfernt würdevollen Leben. Es sollten daher folgende beiden konkretisierenden Zielmarken definiert und in die *Umsetzungsagenda* der Global Goals aufgenommen werden:

- Die absolute Untergrenze von 1,25 Dollar pro Tag sollte ausschließlich für jene Menschen Gültigkeit besitzen, die keine Arbeit haben.
- Niemand sollte weniger als netto 1 Dollar Stundenlohn als absolute Untergrenze verdienen.

Beide Zielmarken sollten nicht erst bis zum Jahr 2030 erreicht sein, sondern bis Ende 2018 – das ist bei Umsetzung der in diesem Buch vorgestellten Vorschläge machbar.

Ein globaler Mindestlohn wäre gleichzeitig die beste Maßnahme zur Finanzierung der meisten anderen Global Goals. Es ist ein Irrtum zu glauben, die beste Finanzierung solcher Ziele könne nur über staatliche oder internationale Organisationen laufen. Wie bereits erwähnt, wurde das Hauptziel aus dem Jahr 2000 – die Halbierung der Zahl der absolut Armen in der Welt – zum überwältigenden Teil durch die Einkommenssteigerungen in China erreicht. Ein globaler Mindestlohn setzt an derselben Stelle, dem Einkommen, an und hätte deshalb den unmittelbarsten und machtvollsten Effekt zur Armutsüberwindung. Gleichzeitig wäre dadurch das Geld für Ausgaben zur Erfüllung vieler weiterer Global Goals unmittelbar in die Hände derjenigen gelegt, die am besten wissen, wie sie ihre Lebenssituation verbessern können, also in die Hände der Ärmsten.

Eine Diskussion über den globalen Mindestlohn als mutmaßlich bestes Finanzierungsinstrument zum Erreichen der meisten Global Goals würde eine Achsenverschiebung der Diskussion über eine kluge Global-Goals-Policy bedeuten. Die Gelder würden zudem mehr direkt an diejenigen fließen, denen geholfen werden soll. Staatliche Entwicklungs- und private Hilfsorganisationen würden dadurch keineswegs arbeitslos werden, denn die Agenda 2030 ist so immens umfangreich, dass ihnen reichlich Aufgaben blieben.

Fragen & Antworten

Ist es realistisch, dass die Staaten ihre schon vor mehr als 20 Jahren eingegangene Selbstverpflichtung, 0,7 Prozent ihres BIP für globale Entwicklungsaufgaben einzusetzen, im Rahmen der Global Goals endlich einlösen?

Die globalen Herausforderungen erfordern zwingend eine Erhöhung der Ausgaben für deren Bewältigung. Die Verweigerung der notwendigen Ausgaben für die Flüchtlingscamps rund um Syrien hat uns die Konsequenzen vor Augen geführt: eine Vervielfachung der Kosten für alle. Ferner entspricht der vorgeschlagene 1-Prozent-Global-Goals-Fund nicht der alten 0,7-Prozent-Zielmarke für Entwicklungszusammenarbeit. Der Global Goals Fund ist, richtig besehen, ein Investitionsfonds für die bestmögliche gemeinsame Entwicklung der Weltgesellschaft und für eine gemeinsame Weltinnenpolitik, bewirkt also viel mehr als ein Fonds für Entwicklungshilfe. Der frühere deutsche Außenminister Hans-Dietrich Genscher sprach bereits von »Außenpolitik als Weltinnenpolitik«. Genauso wie wir irgendwann erkannten, dass Europapolitik einschließlich europäischer Budgetpolitik die klügste Form der Förderung des Wohls aller europäischen Länder ist – und nicht nur des eigenen –, müssen wir erkennen, dass dies ab sofort in noch viel intensiverer Form für die globalen Aufgaben gilt. Erst mit diesem Bewusstsein werden wir auch auf globaler Ebene gern verantwortungsvoll und investiv denken.

9 Nachhaltigkeit 2.0

Warum wir sowohl ökologisch als auch politisch eine neue Stufe von Nachhaltigkeit brauchen

Kein zivilgesellschaftlicher Aufbruch der letzten Jahrzehnte war erfolgreicher als jener zu einer nachhaltigen Wirtschaft und Gesellschaft. Zu keinem anderen Anliegen entstanden derart viele Initiativen, engagierten sich derart viele Menschen, überzeugte man derart unterschiedliche und breite gesellschaftliche und politische Kreise, wurden so viele Gesetzesinitiativen gestartet und zum großen Teil erfolgreich auf den Weg der Umsetzung gebracht. Für keine aus der Zivilgesellschaft geborene Initiative wurde so viel Geld mobilisiert und Zug um Zug auch von staatlicher Seite eingesetzt. Bei keinem anderen Ziel entschieden sich so viele Menschen, ihre berufliche Zukunft damit zu verbinden.

Die dadurch erzielten Erfolge sind beeindruckend, zumindest wenn man sie mit Initiativen in anderen Themenfeldern vergleicht. Dennoch: Wir sind noch sehr weit von einer nachhaltigen Gesellschaft und Wirtschaft entfernt. Trotz aller Anstrengungen während inzwischen immerhin mehr als einem Vierteljahrhundert hat sich der Abstand zwischen dem, was zur Vermeidung einer globalen Klimakatastrophe notwendig wäre, und dem, was wir an klimaschädlichen Gasen jedes Jahr in die Luft blasen, immer weiter vergrößert. Bei vielen anderen Umweltherausforderungen sieht die Bilanz nicht besser aus.

Was brauchen wir, um den Weg noch nachhaltiger gestalten zu können? So nachhaltig, dass wir der absolut unvermeidlichen Zielmarke der Nachhaltigkeit unserer Wirtschaft und Gesellschaft tatsächlich näher kommen und sie rechtzeitig erreichen, bevor der »Point of no Return« eingetreten sein wird?

Wir brauchen zum einen eine Wirtschaftsphilosophie und Wirtschaftsweise, die an keiner Stelle mehr rote Nachhaltigkeitslinien überschreitet. Ein schlüssiges Konzept hierfür bietet der Ansatz der Blue Economy. Wir brauchen zum anderen politische Konzepte und Strukturen, die so nachhaltig agieren können, dass sie nicht mehr zu spät, zu schwach und zu kompromisshaft handeln.

Die Blue Economy

Der Begriff der Blue Economy wurde von dem Umweltökonomen und Zukunftsforscher Gunter Pauli geprägt. Pauli fordert dazu auf, Geschäftsmodelle und die gesamte Ökonomie entlang der Funktionsweisen der natürlichen Ökosysteme zu entwickeln.

Die Natur kennt keine Abfälle. Daher sollen menschliche Ökonomiekonzepte Abfälle als Rohstoffe für eine nächste ökonomische Verarbeitungsform erkennen und nutzen und eine Kreislaufwirtschaft organisieren. Die

Natur ist der wirtschaftlichste Akteur und der kreativste Erfinder nachhaltiger Konzepte. Daher sollte man sich ihre Konzepte abschauen beziehungsweise nachahmen. Nach diesem Ansatz wählte Gunter Pauli rund 200 Innovationen und Geschäftsmodelle aus, von denen er die Hälfte im Jahr 2012 in seinem Bericht an den Club of Rome, »The Blue Economy – 10 Jahre – 100 Innovationen – 100 Millionen Jobs«, veröffentlichte.

Ein Beispiel: Bei einer Tasse Kaffee nutzen wir gerade einmal 0,2 Prozent dessen, was im gesamten Produktionsprozess »verbraucht« wird, und schütten den Kaffeesatz einfach in die Mülltonne. Nestlé, der größte Produzent von Kaffee, entsorgt jährlich drei Millionen Tonnen Kaffeeabfälle. Untersuchungen zeigten, dass Kaffeesatz die optimale »Nahrung« für die Aufzucht des Shiitakepilzes – ein hochwertiger Pilz ohne Fettsäuren und ohne Cholesterin – ist. Aus den drei Millionen Tonnen Kaffeeabfällen von Nestlé könnten 1,5 Millionen Tonnen Shiitakepilze hervorgehen. Die globale Kaffeebranche lässt dieses Geschäftsmodell links liegen, weil sie der Ansicht ist, dass allein Kaffee ihr Business ist. Andere haben daraus Geschäftsmodelle gemacht – mit inzwischen mehr als 15 000 Arbeitsplätzen. Inzwischen stieg zumindest Starbucks in die Shiitakepilzzucht ein.

Gunter Pauli und immer mehr von ihm beeinflusste Wissenschaftler gehen Fragen nach wie: »Wie ist es möglich, dass Termiten in ihrem Hügel eine konstante Temperatur von 27 Grad Celsius aufrechterhalten, indem sie Kamine bauen, die automatisch sowohl die Temperatur als auch die Luftfeuchtigkeit regeln? Wie ist es möglich, dass der Pfau so prächtige Farben zeigen kann – allein durch die Kunst der Lichtbrechung und ohne dabei Farbpigmente zu besitzen? Wie ist es möglich, dass das Zebra ein Fell mit schwarzen und weißen Streifen ausgebildet hat, bei dem wegen der Luftdruck-Unterschiede über den weißen und schwarzen Streifen – verursacht durch höhere Temperatur über den schwarzen Streifen – minimale Windböen erzeugt werden und für Kühlung sorgen? Wie konnte eine intelligente Lösung einer eigenen Oberflächenbelüftung als eine der wirksamsten Kühlungsmethoden überhaupt in eine derart raffinierte Fellzeichnung übertragen werden?« Mit Beispielen dieser Art zur »Intelligenz in natürlichen Systemen« regte Gunter Pauli viele neue Forschungen an, aus denen inzwischen immer neue spektakuläre Produkte und Geschäftsmodelle auf den Markt kommen.

Wie kann die Zahl der Windgeneratoren vervielfacht werden ohne neue Windräder? Ganz einfach durch kleine vertikale Windgeneratoren, die in bestehende Strommasten eingebaut werden. Die Schlagzeilen dieser Welt neuer und sehr realer Blue-Economy-Innovationen lauten: »Wirbel – die Macht der Schwerkraft«, »Maden – Krankenschwestern der Natur«, »Strom ohne Batterien«, »Glas als Baumaterial«, »Frische Luft frei Haus«, »Windkraft ohne Turbinen«, »Feuerschutz durch Zitrusfrüchte«, »Konservierung ohne Kühlung«, »Sauber ohne Seife«, »Treibmittel ohne Gas«, »Treibhäuser ohne Heizung und Bewässerung«, »Ionenmotoren – eine Idee, die funktioniert«, »Wind-Export«, »Unkrautbekämpfung ohne Chemikalien«, »Schmerzfreie Nadeln«, »Wasser aus der Luft«, »Bauen mit Bambus«, »Strom aus dem Meer«, »Batterien aus Wasser«, »Bäume in der Wüste« oder »Fasern aus Algen«.

Im Sinne der Blue Economy müssen wir die Welt als

offenes System denken – mit unerschöpflicher Kreativität und sogar unerschöpflicher Energie. Wenn wir uns auf erdgebundene Energieformen beschränken, sind diese endlich. Wenn wir die Sonne hinzunehmen, ist Energie schon – fast – unendlich. Die einzige Reduktion ist: Die Sonne scheint nicht nachts. Und beziehen wir zusätzlich die Anziehungskraft mit ein, beispielsweise durch unterschiedliche Energienutzungen der Gezeiten, haben wir Tag und Nacht gleichbleibende und stabile Energie.

Ein weiterer Sprung aus festgefahrenen Denkbahnen lautet beim Blue-Economy-Denken: Wenn du ein Problem nicht lösen kannst, suche ein zweites und nach einer Verbindung, mit der du dann beide Probleme gleichzeitig lösen kannst. Auch dieses vermeintlich verrückte Prinzip ist eine »Denkweise« der Natur.

Ein Anwendungsbeispiel hierzu: In der für ihre besondere Kreativität inzwischen weltweit bekannten brasilianischen Millionenstadt Curitiba suchte der damalige Bürgermeister Jaime Lerner nach einem funktionierenden Mülltrennungskonzept. Er kombinierte dieses Problem mit einem zweiten Anliegen: einer verbesserten Mobilität der armen Bevölkerungsschichten und damit verbunden mehr Lebensqualität für diese. Beides fand seine Lösung, indem er den Armen der Stadt anbot, kostenlose Busfahrscheine für das gesamte Stadtnetz zu erhalten, wenn sie an einem kommunalen Sammelplatz Plastikmüll, Aluminiumbüchsen, Lebensmittelabfälle etc. abgeben. Das Ergebnis: Der Müll in der Stadt verschwand, und insbesondere die Favelas sind verblüffend sauber. Die Abfälle wurden so sorgfältig getrennt, dass Recycling wirtschaftlich rentabel wurde. Die Freizeitmüllsammler hatten ein jederzeit nutzbares kostenloses Transportmittel. Viele von ihnen fanden daraufhin Arbeit, weil sie Entfernungen kostenfrei überwinden konnten. Die Gesamtkosten für die Busfahrscheine, die die Stadt trägt, sind geringer als die jährlichen Kosten für die Müllbeseitigung. Inzwischen nutzen 92 Prozent der Bevölkerung das öffentliche Transportsystem. Curitiba legte sein öffentliches Verkehrssystem allein mit Buslinien an, die auf eigenen Spuren schneller vorankommen als jedes andere Verkehrsmittel und jeden Winkel der Stadt erschließen. Dadurch hat Curitiba heute das weitaus kostengünstigste Verkehrssystem aller Großstädte der Welt, das zugleich viele internationale Preise für seine Umweltfreundlichkeit erhielt.

Die Vorteile einer Blue Economy lassen sich wie folgt zusammenfassen: Eine Blue Economy verbindet soziales, ökologisches, kulturelles und wirtschaftliches Denken zu besonders nachhaltigen und stabilen Geschäftsmodellen. Eine Blue Economy schafft Wachstum im Einklang mit der Natur und braucht dafür immer weniger Ressourcen. Eine Blue Economy schafft neue Arbeitsplätze durch Geschäftsmodelle, die Umweltverschmutzung beseitigen. Eine Blue Economy konzentriert sich auf Verbundvorteile vernetzten Wirtschaftens, wobei Abfälle eines Produktionsbetriebs als Rohstoff eines weiteren Betriebs genutzt und dadurch Kosten gesenkt werden. Eine Blue Economy erzeugt gleichzeitig höhere Qualität und niedrigere Preise. Eine Blue Economy senkt die Preise für Kernprodukte wie beispielsweise Wasser letztlich auf null. Eine Blue Economy strebt immer eine generelle Optimierung von Systemen an, nie nur von Einzelerträgen, und schafft dadurch breiter gefächerte und widerstandsfähigere Unternehmen. Eine Blue Economy erhöht die Innovationsfreudigkeit von Unternehmen durch das Wissen um die Bedeutung systemischer Innovationen und setzt diese schneller um.

Das Konzept einer Blue Economy geht somit weit über eine Kreislaufökonomie nach dem Prinzip von »Cradle to Cradle« hinaus. Es handelt sich vielmehr um eine systemische Ökonomie, eine Ökonomie, die in offenen Systemen denkt und sich von daher lernoffen für Erkenntnisse aus allen bekannten und auch noch nicht bekannten Systemen aufstellt. Sie ist ideologiefrei und denkt prinzipiell in Verantwortung für alle Systeme, von der Natur über den Menschen bis zu den Prinzipien und Werten, die sich in allen Systemen zeigen. Das »Blue« steht nicht nur für die Erde als Ganzheit, sondern für den über die Erde hinausweisenden Himmel, der alle sonstigen Systeme repräsentiert. Dadurch hebt der Ansatz einer Blue Economy das Thema Nachhaltigkeit über alle zu irgendeinem Zeitpunkt bekannten Nachhaltigkeitsaspekte hinaus. Nachhaltigkeit wird selbst zu einem offenen System, das wir neugierig und offen immer mehr erweitern. In einer Welt hochgradig komplexer Zusammenhänge und einer hochgradigen Dynamik neuer Erkenntnisse ist erst ein solches Verständnis von Nachhaltigkeit wirklich nachhaltig.

Ökologische Nachhaltigkeit – auch ökonomisch nachhaltig

Dass ökologische und ökonomische Vernunft kein Widerspruch sein muss, versuchte bereits seit 1972 der Hamburger Georg Winter seinen Unternehmerkollegen klarzumachen. Er suchte ein Beispiel nach dem anderen, wie man mit ökologisch sinnvollen Maßnahmen Geld sparen kann, weil er sich sagte, diese Sprache verstehe jeder Unternehmer am besten und so finde ökologisches Denken am schnellsten Eingang in die Ökonomie.

Winters Botschaft setzte sich Schritt für Schritt in immer weiteren Kreisen der Gesellschaft und der Wirtschaft durch. Weil sich auch immer mehr Tüftler und Wissenschaftler auf den Weg machten, diesem Gedanken mit ökonomisch nachhaltigen Lösungen für immer mehr ökologische Herausforderungen Realitätsgehalt zu geben, stehen wir heute vor der Situation, dass selbst im kapitalistischsten Land der Welt, den USA, die größten Unternehmen und die kapitalmächtigsten Investoren ihre große ökologische Wende vollziehen. Warren Buffett, seit vielen Jahren an der Spitze der reichsten Menschen der Welt, hat 2014 rund 15 Milliarden Dollar in Solar- und Windenergie gesteckt und verkündete 2015, dies zu verdoppeln. Der Medienmogul Ted Turner erwarb zeitgleich sieben riesige Solarkraftwerke. Der Ölmilliardär Philip Anschütz errichtet in Kalifornien einen 3000-Megawatt-Windpark. Wal-Mart will bis 2020 mit seinem Ökoinvestitionspaket rund eine Milliarde Dollar jährlich an Energiekosten einsparen. Intel,

Microsoft, Google, Wal-Mart, Unilever und Apple konkurrieren darum, wer bereits am meisten mit Ökostrom arbeitet. 600 Unternehmen in den USA versorgen sich bereits zu 100 Prozent mit regenerativer Energie. Alle Verantwortlichen für diese Entscheidungen in den betreffenden Unternehmen betonen, sie hätten dabei konsequent nach ökonomischen Kriterien entschieden. Im März 2016 verkündete David Rockefeller, der lange Zeit für einen »Kapitalismus pur« ohne ökologisches Gewissen galt, dass sein Family Office sich komplett von Beteiligungen an nicht-nachhaltigen Energieunternehmen trennt. Dies betrifft in diesem Fall insbesondere ExxonMobil, das größte Erdöl-Unternehmen der Welt, das aus Standard Oil, der Rockefeller-Gründung, hervorging.

Immer mehr Innovatoren und Investoren ruhen nicht, nachhaltiges Wirtschaften immer weiter unmittelbar in unser Leben zu integrieren. In den Niederlanden holen Entwickler nun die Windenergie mitten in die Metropolen. In Rotterdam entsteht ein 174 Meter hohes Gebäude, das Dutch Windwheel, das auf neuartige Weise Wind zu ausreichend Strom für die Komplettversorgung dieses Hochhauses wandelt. Andere Ingenieure arbeiten an der Neuerfindung der Straße: Der Belag besteht aus Solarzellen und kann wie ein loser Teppich verlegt werden. Der Autobauer Tesla baut in Nevada eine Gigafabrik für die Produktion von Batterien, die um 30 Prozent günstiger sind als bisherige. Dadurch können Häuser mit Solarzellen auf dem Dach und solchen bezahlbaren Hochleistungsbatterien im Keller endlich massenhaft zu regenerativen Kraftwerken werden.

An kreativem Veränderungswillen Richtung Nachhaltigkeit 2.0 fehlt es also nicht.

Auch an immer neuen und weitreichenderen ökologischen Initiativen besteht kein Mangel. Der Senat der Wirtschaft Deutschland griff beispielsweise die Idee des Ökonomen Franz Josef Radermacher zu einer weltweiten gigantischen Aufforstungsinitiative der Wirtschaft auf. Ziel ist, dadurch genügend CO_2 zu binden, um die notwendige Zeit zu gewinnen, bis wir die Umstellung der gesamten Wirtschaft auf hinlängliche Nachhaltigkeit erreicht haben und den Klimawandel auf diese Weise stoppen können.

Politische Nachhaltigkeit als Voraussetzung für ökologisch nachhaltige Lösungen

So weit uns ein solches Verständnis von ökosystemischer Nachhaltigkeit 2.0 auf der Grundlage der Prinzipien einer Blue Economy und ähnlicher Ansätze auch bringen kann, so sehr sind wir dennoch auf eine Nachhaltigkeit 2.0 im Bereich gesellschaftspolitischer Handlungsfähigkeit angewiesen. Wir brauchen politische Konzepte und Strukturen, mit denen wir aktiv, global, rechtzeitig und nachhaltig agieren können.

Dass auch hier wiederum ein globaler Mindestlohn dem »Ökosystem breiter menschlicher Entwicklung« aller bisher verschütteten Fähigkeiten des unteren Drittels der Menschheit starkes frisches Leben einhaucht, braucht hier nicht noch einmal ausgeführt zu werden. Über die unmittelbare systemische Wirkung auf die Gesundheit und die Leistungskraft des Systems Menschheit hinaus wäre ein globaler Mindestlohn, wie ebenfalls schon erwähnt, ein Befreiungsschritt zu neuer globaler Handlungsfähigkeit. Der Grund: Damit würde gezeigt, welche Wirkkraft kluges und wirksames globales Agieren zur Lösung globaler Herausforderungen hat.

Aber dies reicht noch lange nicht angesichts der unvorstellbaren Fülle von Herausforderungen, die alle längst in der globalen Dimension angelangt und global miteinander vernetzt sind. Wir kommen nicht umhin, sehr gründlich über globale Handlungsfähigkeit nachzudenken.

Wir müssen uns zunächst einmal klarmachen, wie wir derzeit versuchen, die Welt zu steuern. Sehen wir uns dies anhand folgenden Modells näher an.

Wenn wir unser derzeitiges internationales System auf die Ebene eines Bundeslandes übertragen – geben wir diesem Fantasieland den Namen »Kleinerde« –, so sähe das »Regierungskonzept« etwa so aus: Es gibt keine Landesregierung, keinen Ministerpräsidenten, keinen Ministerrat und keine ministeriumsähnlichen Regierungsfunktionen in Kleinerde. Auf Landesebene gibt es lediglich einmal im Jahr eine kurze Versammlung, auf der Delegierte der Kommunen Sprechzeit haben, jedoch keinerlei Beschlussfassungskompetenz von Gesetzesqualität. Die politische Handlungsmacht liegt ganz bei den Kommunen. Alle Organisationen, die man für Belange auf Landesebene für nötig erachtet und eingerichtet hat, werden von den kommunalen Regierungen bestückt. Deren Entsandte sehen sich jedoch nicht als Sachwalter der Interessen des Bundeslandes, sondern in erster Linie als Anwälte und Vertreter der Interessen ihrer Kommunen. Nur für Sicherheitsfragen gibt es ein Gremium mit sehr bescheidener Entscheidungskompetenz, die aber auch nur dann greift, wenn keine der

Regierungen der fünf mächtigsten Kommunen ein Veto einlegt. Dieser Sicherheitsrat erweist sich daher bei nahezu keinem Konfliktherd als wirklich handlungsfähig und hilfreich. Die Kommunen haben bei allen Entscheidungen von landesweiter Bedeutung Einfluss entsprechend ihrer Größe und Macht, also kleine dörfliche Kommunen haben faktisch fast gar keinen echten Einfluss, mittlere wenig, während großstädtische Kommunen oder gar Bündnisse zwischen starken Kommunen, in denen kleinere und kleine sich einigermaßen »mitvertreten« fühlen, die tatsächliche Macht besitzen. In der jährlichen »Generalversammlung«, in der keine wirklich wichtigen Abstimmungen erfolgen, hat jede Kommune unabhängig von ihrer Größe eine Stimme. In allen sonstigen Einrichtungen, die zumindest versuchen, Belange von Bedeutung für Gesamt-Kleinerde ein Stück weit abzustimmen und gemeinsame Regeln zu schaffen, sind die realen Einflussmöglichkeiten der Kommunen sehr nahe an ihrer tatsächlichen Macht im Vergleich zu den anderen Kommunen. Überkommunale Finanz- und Wirtschaftseinrichtungen sind zum nicht geringen Teil regelrecht plutokratisch aufgestellt, also gemäß der Macht des Geldes der Kommunen. Für alle Anliegen, für die irgendwann immerhin so viel Konsens zwischen den Kommunen entstand, dass man nach gemeinsam abgestimmten Regeln sucht, sind die Abstimmungsprozesse derart komplex, dass sich inzwischen ein regelrechter Mount Everest an Papieren zu nicht abgeschlossenen Problembewältigungsversuchen aufgetürmt hat. Die realen Machtverhältnisse zwischen den Kommunen haben zwar trotz aller Widrigkeiten das Gesamteinkommen und auch das Durchschnittseinkommen pro Bürger in Kleinerde erhöht, aber der Abstand zwischen Arm und Reich hat sich jedes Jahr weiter vergrößert. In unmittelbarer Nachbarschaft zu Gegenden mit unvorstellbarem Reichtum existieren Gebiete mit unmenschlicher Armut und Verzweiflung, mit bürgerkriegsähnlicher Gewalt und immensen Umweltproblemen. Selbst nach Jahrzehnten der Verhandlungen zu allen Kardinalproblemen, die sämtliche Bürger von Kleinerde betreffen, aber nur durch Einigkeit ihrer Kommunen gelöst werden können, herrscht Uneinigkeit und wachsen die Ursachen der skalierenden Katastrophenerscheinungen Jahr um Jahr weiter.

Niemand würde für irgendeinen Flecken der Erde, sei es ein Land, ein Bundesland oder eine Kommune, ein derart absurdes Regierungskonstrukt empfehlen oder gar einführen. Wie ist es möglich, dass wir auf der übernationalen Ebene, die längst eine gemeinsame globale Ebene ist, noch immer genau ein solches System haben und nicht die Kraft aufbringen, eine seriöse Diskussion über ein angemesseneres System zu starten? Selbstverständlich kann ein solches System nur unser aller Anerkennung finden, wenn es höchsten und modernsten demokratischen Prinzipien entspricht. Aber wie sollten wir je dorthin kommen, wenn wir nicht endlich anfangen, über ein solches zukunfts- und handlungsfähiges globales Regierungskonstrukt nachzudenken, das sich nicht mehr in Endlosschleifen nationaler Egoismen verhakt?

Wer Macht hat, wird nicht übermäßig gern darüber nachdenken, wie er diese Macht an neue Entscheidungsebenen abgeben kann. Die Diskussion über die Überwindung feudaler Strukturen begann ja auch nicht in den feudalen Kreisen. Die Diskussion über angemessene globale Entscheidungs- und Regierungsstrukturen kann nicht an die heutigen politischen Entscheidungsträger delegiert werden, sie muss als ergebnisoffene und nachhaltig geführte Diskussion aus der Zivilgesellschaft heraus entstehen und von da aus unter Einschluss aller Akteursgruppen zielführend geführt werden.

Anhand der globalen Situation in allen großen Umweltfragen wird die extrem hohe Dringlichkeit einer solchen Diskussion von Klaus Töpfer und vielen anderen erfahrenen Kämpfern für die Lösung unserer reichlichen Umweltagenda immer wieder thematisiert. Dasselbe gilt für alle anderen globalen Themen. Schon Einstein erkannte die Notwendigkeit globalen politischen Handelns, zusätzlich zu allem wertvollen zivilgesellschaftlich globalverantwortlichen Handeln. Hans-Dietrich Genscher und Richard von Weizsäcker sprachen von Weltinnenpolitik, Michail Gorbatschow von einer globalen Perestroika. Gorbatschow legte im Jahr 1988 der Weltgemeinschaft in der Vollversammlung der Vereinten Nationen die Idee eines Welt-Umweltsicherheitsrates vor. Es fehlt nicht an klugem Vordenken von unterschiedlichsten Seiten. Doch solange sich der Handlungsbedarf bezüglich letztlich fast nur global steuerbarer Herausforderungen jedes Jahr noch weiter von den global abgestimmten und umgesetzten tatsächlichen Handlungen entfernt, bleibt die von Yehezkel Dror schon vor mehr als 20 Jahren in einem Bericht an den Club of Rome formulierte Frage »Ist die Erde noch regierbar?« erschreckend unbeantwortet. Nachhaltige Lösungen zu Umwelt-, Menschenrechts-, Friedens-, Gerechtigkeits- oder sonstigen Grundfragen menschlicher

Zivilisation sind in einer globalisierten Welt erst dann nachhaltig umsetzbar, wenn wir nachhaltig demokratische und rechtsstaatliche Lösungen auf der globalen Ebene auch tatkräftig umsetzen können.

Die übergeordnete Identität als Weltbürger

Globale Handlungsfähigkeit hat eine unumgängliche Voraussetzung: Sie kann nur entstehen, wenn wir Bürger eine *zusätzliche* Identität annehmen. Jeder kann seine individuelle lokale bis nationale Identität behalten, aber eine weitere Identität kann und darf heute bei niemandem mehr fehlen in seinem ganz individuellen Identitätenkonzert: die Identität als Weltbürger, als Bürger der einen unteilbaren Erde, als Mitglied der unteilbaren Menschheit, die heute über unzählige Fäden milliardenfach und fundamental schicksalhaft miteinander verbunden ist.

Diese Identität spielt eine Sonderrolle. Es ist eine übergeordnete Identität. Von ihr hängt es ab, ob wir in der Lage sind, global zu denken und global zu handeln, wo nur globale Lösungen wirksam sein können. Politiker können nur im Namen jener Identitäten für uns handeln, für die wir sie legitimiert haben: für nationale Identitäten und Interessen oder für eine gesamtmenschheitliche Identität und Interessenlage. Wir müssen entscheiden, ob wir nicht nur Bürgen und Bürger für lokale und nationale Anliegen sind, sondern auch für globale. Nur dann sind diese überhaupt lösbar, und zwar meist sogar erstaunlich leicht und zum bestmöglichen Wohl aller.

Weltidentität bedeutet jedoch keineswegs nur Schicksalsgemeinschaft, die man aus schlichter Klugheit anerkennen und annehmen sollte. Weltidentität bedeutet vielmehr die Öffnung des eigenen Denkens, Fühlens und Handelns für die größtmögliche Lern- und Lebensgemeinschaft. Weltidentität ist der größtmögliche Lebensreichtum, den kein Mensch mehr missen möchte, der ihn einmal in sich erweckt hat. Wer zu allen seinen sonstigen Identitäten die Weltidentität in sein Herz und seinen Kopf aufgenommen hat, der erfährt unwillkürlich, dass alle seine sonstigen Identitäten eine unschätzbare Erfrischung und Bereicherung erfahren. Nichts und niemand verliert durch diese neue zusätzliche, größte und integrativste Identität.

Wenn wir uns als Weltbürger fühlen, werden wir auch mit einer größeren Selbstverständlichkeit über global vernünftige Lösungen wie den globalen Mindestlohn und andere visionäre Konzepte und Schritte nachdenken. Und wir werden noch in eine andere Welt eintreten: Wir werden beginnen, darüber nachzudenken, wie unsere globale Ordnung aussehen muss, um die globalen Lähmungen endlich auflösen zu können. Irgendwann war es unseren Vorfahren klar geworden, dass die Kleinstaaterei unzähliger Fürstentümer uns alle gelähmt und zudem zu Gefangenen und Werkzeugen permanenter Scharmützel gemacht hat. Wir nahmen eine übergeordnete Identität an, und auf diesem Wege tauchten dann nicht zufällig auf: mehr bürgerliche Freiheiten, mehr Rechtsstaatlichkeit, mehr Demokratie, mehr Wohlstand, mehr Partizipation.

Heute heißt die nächste übergeordnete Stufe: Weltidentität. Und mit dieser Stufe werden wir mit anderer Selbstverständlichkeit und Wirksamkeit über Weiterentwicklungen in Bezug auf Mitsprache und Mitgestaltung, über Demokratie, handlungsfähige Strukturen und lösungsmächtige Konzepte nachdenken und für deren Umsetzung nachhaltige Sorge tragen. Weltidentität ist sozusagen der Generalschlüssel zu einer zukunftsfähigen Welt.

Fragen & Antworten

Ist der Ansatz von Cradle to Cradle nicht praxisnäher als jener einer Blue Economy?
Der große praktische Nutzen von Cradle to Cradle ist unbestritten. Der Ansatz der Blue Economy ist jedoch systemischer gedacht und bildet daher eine andere Stufe nachhaltigen Denkens. Die beiden Ansätze widersprechen sich nicht, sie ergänzen sich.

Spricht die Notwendigkeit, eine hinlängliche globale Identität bei den Menschen und eine hinlängliche globale Handlungsfähigkeit in der Politik aufzubauen, nicht eher dafür, dass es zu einem globalen Mindestlohn erst in Jahrzehnten kommen kann?
Die Vorteile eines globalen Mindestlohns sind für alle Nationen derart evident, dass dessen Einführung durchaus ziemlich schnell erreicht werden kann. Dort, wo die Vorteile globalen Handelns für alle auf der Hand lagen, ist dies auch ohne Weltidentität und ohne starke weltpolitische Institutionen möglich gewesen. Aber umgekehrt kann die erfolgreiche Einführung eines globalen Mindestlohns das entscheidende Momentum sein, dass

die Menschheit intensiver und konsequenter über die Vorteile eines globalen Verantwortungsbewusstseins und einer vernünftigen Institutionalisierung einer wirksamen und demokratisch legitimierten globalen Entscheidungsfindung nachdenkt.

10 Europa in der Vorreiterrolle

Wie die EU als globale Wirtschaftsmacht dem Welthandel einen sozialen und ökologischen Rahmen geben kann

Warum Europa die Vorreiterrolle übernehmen kann

Der beste Weg zur Durchsetzung eines globalen Mindestlohns wäre ein weltweiter Konsens über die Sinnhaftigkeit eines solchen Schrittes. Aber auch in diesem Fall bedarf es starker Initiatoren. Unser Vorschlag ist, dass die EU diese Rolle übernimmt. Die EU hat in fast allen ihren Mitgliedsländern einen Mindestlohn eingeführt. Das Bewusstsein für die Sinnhaftigkeit eines Mindestlohns auf nationaler Ebene ist in den Gesellschaften der EU-Länder wie in fast allen ihren Regierungen vorhanden. Die Sinnhaftigkeit eines globalen Mindestlohns dürfte für die Europäer eher noch evidenter sein. Die EU könnte durch die Übernahme der Rolle einer Anwältin für einen Einstieg auf globaler Ebene in eine soziale Marktwirtschaft ihr Ansehen und ihren Einfluss auf internationaler Ebene erneuern. Sie könnte eine solche Initiative aufgrund ihrer eigenen Historie, ihrer fixierten Werte, ihres Renommees in der Welt und ihrer besten Kontakte zu allen relevanten Playern optimal vorbereiten und durchziehen. Als zweitbeste Lösung – für den Fall, dass sie mit einer internationalen Initiative nicht durchkommt – könnte die EU die Einführung und Einhaltung eines Mindestlohns, wie er in diesem Buch vorgeschlagen wird, in allen Ländern, mit denen sie Handel treibt, zur verbindlichen Vorschrift machen.

Jeremy Rifkin mit seinem Buch »Der Europäische Traum« und Mark Leonard mit »Warum Europa die Zukunft gehört« gehörten zu den Ersten, die die besondere und in vieler Hinsicht führende Rolle der EU im 21. Jahrhundert hervorhoben. Sie sehen die EU in Bezug auf wirtschaftliche Stärke derzeit vorn. Noch viel bedeutsamer aber ist, dass die EU gegenwärtig die wirksamste politische Kraft in der Welt ist, nachdem sich die USA nach den beiden Desastern ihrer Politik im Nahen Osten und der Weltfinanzkrise selbst zurückgenommen haben.

Rifkin und Leonard führen für die Stärke der Rolle der EU insbesondere auch die Qualität der intelligenten Verknüpfung zwischen individueller Freiheit und kollektiver Verantwortung an. Die EU finde eine gute Balance zwischen der westlich-amerikanischen Überbetonung des Individualismus und der östlich-asiatischen Überbetonung der Gemeinschaft. Das europäische Modell könnte man als »Freiheit in globaler Verantwortung« bezeichnen, als fortschreitende Liberalisierung bei gleichzeitig fortschreitender globaler Verantwortungsgestaltung.

»Der Amerikanische Traum betont wirtschaftliches Wachstum, persönlichen Reichtum und Unabhängigkeit. Der neue Europäische Traum konzentriert sich eher auf nachhaltige Entwicklung, Lebensqualität und wechselseitige Abhängigkeit«, meint Rifkin. In einer zunehmend stärker vernetzten globalen Wirtschaft wie auch Politik werden Netzwerkqualitäten immer bedeutsamer. Der zu enge Blick nur auf das eigene wirtschaftliche Wachstum, den eigenen Reichtum und die eigene Unabhängigkeit bringt heute nicht mehr Stärke hervor, sondern provoziert eher Hass- und Revanchegefühle. In einer Ökonomie, die sich dank der neuen Kommunikationstechnologien rasant zu einer Netzwerkwirtschaft wandelt, ist nicht mehr der Rücksichtsloseste in der besten Position, sondern der intelligente Netzwerker. Der Blick auch auf das Wohl der anderen und das Wohl des Ganzen, der Blick auf Kooperation, Nachhaltigkeit und Werteorientierung wird immer mehr zum neuen überlegenen Erfolgsfaktor in Wirtschaft und Politik.

Die Europäische Union ist zum größten Binnenmarkt geworden, zum größten Exporteur, Importeur und Dienstleister. Macht man nicht länger das BIP, zu dessen Erhöhung nicht zuletzt auch die Umweltschädigung und deren nachträgliche Schadensbehebung beitragen, zum Maß aller Dinge, sondern sucht nach Indikatoren echter Lebensqualitätssteigerung, dann hat Europa die USA an wirklichem Wohlstand wohl bereits überholt. Erst recht auf politischem Gebiet gilt: Während die USA in jüngerer Zeit dramatisch an Ansehen und Einfluss verloren haben, ist Europa zur stillen Supermacht aufgestiegen. Das EU-Vorbild in Bezug auf ökologische und soziale Standards hat weltweite Anziehungskraft und Vorbildfunktion gewonnen. Sofern die EU die Eurokrise zu einem guten Ausgang bringt und die Flüchtlingskrise keine ethischen oder gar weitergehenden Verwerfungen in der EU bewirkt, kann dies fortwirken.

Rifkin führt die neue Stärke Europas auf die radikal veränderten Anforderungen im Zeitalter der Globalisierung zurück. Nicht mehr Märkte und Nationalstaaten seien gefragt, sondern Netzwerkwirtschaft sowie Netzwerke von selbstbewussten Regionen und Nationen, wie sie die EU prototypisch darstellt. Märkte und eine nationalstaatliche Ordnung basieren auf Misstrauen, Netzwerke auf Vertrauen, Märkte und nationale Souveränität basieren auf Eigeninteressen, Netzwerke auf gemeinsamen Interessen. Auf Märkten und im Wettbewerbskampf der Nationen hält man Abstand und setzt auf Konkurrenz, Netzwerke gewinnen durch Kooperation und gute Beziehungen. Die Beziehungsqualität und die damit verbundenen menschlichen Qualitäten bilden den Unterschied im Stil der Wirtschaft und der Politik Europas – mit der Einschränkung der beiden genannten aktuellen Krisen, deren Ausgang nicht abzusehen ist.

Mark Leonard stellte zu den Stärken der EU fest: »Bei Verhandlungen der Europäer mit beitrittswilligen Staaten geht es um dieses Themenspektrum: Was sind die Grundwerte des Aspiranten? Wie sieht sein Verfassungsrahmen, wie der Staatsapparat und die Herrschaftsstruktur aus?« Auf der Klärung der Grundwerte baut die Herrschaft des daraus abgeleiteten Rechts auf. An der Bestimmung von beidem, Grundwerte und Recht, wirken in der EU nicht nur die starken, sondern in ungewohnter Intensität auch die schwachen Länder mit. Das auf diesem Weg gemeinsam Errungene fließt dann über die Koordinierungsstelle Brüssel in die nationalen Gesetze und Politiken ein. Und daraus leitet sich auch die

Messlatte für die Beitrittswilligen ab. »Europas Macht liegt« – nach innen wie nach außen – »in der Transformation«, so Leonard.

Der Weg zu dieser Transformationskraft wirkt auf manche Beobachter jedoch wie Uneinigkeit und Schwäche. Ständig berichten die Medien über die endlos erscheinende Geschichte des Streits bei den EU-Treffen auf allen Ebenen. Und wie oft gab es nur kleine Fortschritte und bestenfalls halb überzeugende Kompromisse, wenn sich die EU-Regenten wieder einmal zusammenrauften. Doch im Ergebnis führte diese Politik der kleinen Schritte zu einem höchst erstaunlichen Fundament an Einigkeit und Handlungsfähigkeit, zumindest im Vergleich zu anderen übernationalen Einrichtungen. Leonard sieht in der vermeintlichen Schwäche die eigentliche Größe Europas, weil sich jedes Land am Ende jeden Ringens als wichtig und wertvoll wahrnehmen kann. Und noch war jedes Scheitern in der Geschichte der EU der Einstieg in einen neuen Lernschritt, der früher oder später zum erfolgreichen Abschluss führte. Natürlich verfolgen auch in der EU die einzelnen Nationen unübersehbar ihre eigenen Interessen, aber: »Paradoxerweise projizieren sie ihre Werte auf die europäische Ebene, um partikulare Interessen zu wahren. So entstand die eigentümliche Situation, dass die einzelnen Staaten Interessen, nicht Werte vertreten, während die EU Werte, nicht Interessen vertritt.«

Der europäische Weg bezieht alle in die Definition und die Interpretation der Grundwerte ein – nicht nur die staatlichen Gliederungen, sondern auch die Regionen und insbesondere und immer mehr die Zivilgesellschaft. Dieser Weg sowie die daraus hervorgegangenen europäischen Standards genießen dadurch in der Welt immer größeres Vertrauen, immer größere Anziehungskraft und immer größere Gestaltungsmacht.

Rifkin und Leonard führen folgende Merkmale an, durch die sich die EU von den bisherigen Politikmodellen abhebt im Sinne eines modernen Netzwerkverständnisses:

- Bei allen Interessenunterschieden haben alle EU-Länder in folgenden Kernpunkten weitgehend synchrone Ziele: Multilateralität, Demokratie, Schutz der Menschenrechte und Herrschaft des Völkerrechts, Diplomatie und taktisches Verhandeln statt militärischer Gewalt, Freihandel bei gleichzeitiger ökosozialer Marktwirtschaft.
- Die EU zielt – von Ausnahmen in besonders heiklen Konfliktsituationen abgesehen – darauf ab, die nationale Identität der einzelnen Mitglieder zu stärken, nicht, sie zu ersetzen.
- Interessenkonflikte zwischen den Mitgliedsnationen werden offen ausgetragen. Das erhöht das Vertrauen und die Anziehungskraft bei den anderen Nationen.
- Die EU übt Macht nicht durch Machtdemonstrationen und Gewalt aus, sondern durch Prävention sowie die Vereinbarung von Standards im Sinne des Völkerrechts und durch deren Kontrolle, nicht durch Invasion, sondern durch Inspektion.

Nach Leonard »besteht die Genialität der Europäer darin, dass sie sich nicht entmutigen lassen und immer weitermachen mit ihrem Versuch. Und aus jedem Fehlschlag sind sie bis jetzt gestärkt hervorgegangen«.

Die EU folgt in ihrer Politik nach innen, gegenüber den beitrittswilligen Nationen sowie auch gegenüber allen anderen Ländern – soweit dies möglich ist – der Linie, die in den sogenannten Kopenhagener Kriterien für Beitrittsnationen festgelegt sind: »Als Voraussetzung für die Mitgliedschaft muss der Beitrittskandidat eine institutionelle Stabilität als Garantie für demokratische und rechtsstaatliche Ordnung, für die Wahrung der Menschenrechte sowie die Achtung und den Schutz von Minderheiten verwirklicht haben; sie erfordert ferner eine funktionsfähige Marktwirtschaft sowie die Fähigkeit, dem Wettbewerbsdruck und den Marktkräften innerhalb der Union standzuhalten. Die Mitgliedschaft setzt außerdem voraus, dass die einzelnen Beitrittskandidaten die aus einer Mitgliedschaft erwachsenden Verpflichtungen übernehmen und sich auch die Ziele der politischen Union sowie der Wirtschafts- und Währungsunion zu eigen machen können.«

Selbstverständlich lässt sich dies in aller Konsequenz keinesfalls 1:1 auf die Beziehung der EU zu allen anderen Ländern übertragen. Aber die EU kann auf dieser Linie mit guten Argumenten von allen Ländern der Welt, die mit ihr Handel treiben wollen, verlangen, dass diese wenigstens die Kernstandards für eine nachhaltige und gerechte Entwicklung einhalten. Leonard schreibt hierzu:

»Die EU hat einen umfassenden Gesetzeskanon an der Hand, mit dem sie ihre Rechtsprinzipien und Werte in der ganzen Welt, von Australien bis Sambia, verbreiten kann. Und das tut sie, indem sie Konformität mit ihren Gesetzen und Satzungen zur Bedingung für den Zugang zu ihrem Markt macht. Mit ihrer Marktmacht konnten die Europäer von einer Großmacht wie den USA die Aufhebung ungerechter Einfuhrzölle auf Stahl und andere Produkte erzwingen. Überdies gibt ihr Marktpotenzial der EU die Möglichkeit, bei Normen und Richtlinien einen globalen Standard zu definieren. Weltweit sind es Tausende von Firmen, die sich nicht mit den heimischen Normen begnügen, sondern sich um des Zugangs zum europäischen Markt willen lieber an die strengeren EU-Richtlinien halten. Europa hat die Macht zur Systemveränderung, weil es Reformer belohnen und Säumigen Vergünstigungen vorenthalten kann.«

Und Rifkin fasst die Anziehungskraft und Gestaltungsstärke so zusammen: »Die Legitimität der EU beruht nicht auf der Kontrolle von Territorium oder der Besteuerung von Bürgern oder auf Polizei oder Militär, sondern in einem auf den universellen Menschenrechten basierenden Verhaltenskodex, der durch Staaten, Regelungen und Direktiven und, am wichtigsten, durch ständiges Engagement, Diskussionen und multiple Verhandlungen mit Akteuren auf lokaler, regionaler, nationaler, transnationaler und globaler Ebene in die Praxis umgesetzt wird.«

Die EU in der Vorreiterrolle

Wenn man begründen möchte, weshalb die Europäische Union dazu prädestiniert ist, eine führende Rolle beim Durchbruch zu einem fairen, humanen und nachhaltigen globalen Mindestlohn zu spielen, bedarf es hierzu nur eines Blicks in die Kerndokumente der EU. Wenn die EU ihre selbst definierten Werte und Positionierungen ernst nimmt, kann sie nicht anders, als mit gutem und mutigem Beispiel voranzugehen und den EU-Wirtschaftsraum so zu gestalten, dass dort Fair Trade ernsthaft und konsequent umgesetzt wird – und infolgedessen auch in jenem Wirtschaftsraum, der mit der EU Handel treibt. Im Interesse Europas und der Welt sollten wir die EU beim Wort nehmen.

In dem EU-Dokument »Globalisierung als Chance für alle – Die Europäische Union und der Welthandel« schreibt die EU-Kommission:

»Als weltweit führende Handelsmacht hat die EU starkes Interesse daran, Bedingungen zu schaffen, die dem Handel förderlich sind. Durch ihre führende Stellung hat sie aber auch Verantwortung gegenüber dem Rest der Welt. Sie spielt deshalb eine führende Rolle bei internationalen Handelsverhandlungen, wo sie versucht, über die Welthandelsorganisation (WTO) fairen Handel zu erreichen und die Globalisierung in geordnete Bahnen zu lenken. Die EU setzt sich für die Einbindung der Entwicklungsländer ins internationale Handelssystem ein und gibt diesen dabei, falls nötig, die erforderliche Hilfestellung. Dies gilt ganz besonders für die allerärmsten Länder, die bis jetzt keinen greifbaren Nutzen aus der Globalisierung ziehen.«

Unter der Überschrift »Freier Handel – fairer Handel« heißt es dann weiter: »Ziel der Europäischen Union ist der freie, faire Handel oder, anders ausgedrückt, ein System, in dem alle Länder frei und ohne protektionistische Hemmnisse miteinander Handel treiben und für alle die gleichen Regeln gelten. Die EU will die gleichen Ausgangsbedingungen für alle Länder und klare allgemein gültige ›Spielregeln‹. Das System soll transparent, d.h. für die Öffentlichkeit völlig durchschaubar sein.«

In Bezug auf fairen Handel sind wir in der Praxis der Entlohnung jedoch noch weit von »gleichen Regeln« und »gleichen Ausgangsbedingungen« entfernt. Diese sind am besten durch einen globalen Mindestlohn zu erreichen.

Der Artikel 2 des Gründungsvertrags zur Europäischen Gemeinschaft bezeichnet genau das, worum es heute unter den Vorzeichen der Globalisierung nicht mehr nur für Europa gehen soll und muss, sondern für die gesamte Welt: »...eine harmonische, ausgewogene und nachhaltige Entwicklung des Wirtschaftslebens, ein hohes Beschäftigungsniveau und ein hohes Maß an sozialem Schutz..., einen hohen Grad von Wettbewerbsfähigkeit...und Verbesserung der Umweltqualität, die Hebung der Lebenshaltung und der Lebensqualität.«

Aufgrund der engen Vernetzung der Weltwirtschaft reicht es nicht mehr aus, derartige Ziele nur für das eigene Land oder die eigene Ländergemeinschaft erreichen zu wollen. Das eigene Verhalten muss in den internationalen Beziehungen dem entsprechen, wie der Buddhismus die in allen Weltreligionen vorhandene Goldene Regel in Worte kleidet: »Man sollte für andere das Glück suchen, das man sich selbst wünscht« – oder dem christlichen Gebot folgen: »Alles nun, was ihr wollt, dass euch die Leute tun sollen, das tut ihnen auch.«

Das zuvor bereits zitierte EU-Dokument trägt diesem Gedanken Rechnung und meint: »Wenn ungleich entwickelte Länder im Zuge einer ungeregelten Globalisierung miteinander konkurrieren müssen, kann dies den Abstand zwischen reich und arm noch vergrößern, und die ärmsten Länder geraten noch stärker ins Hintertreffen. Allein können die Staaten dieses Problem nicht lösen. Ist die Wirtschaft globalisiert, müssen auch die Spielregeln auf globaler Ebene festgelegt werden.«

So weit kann man den Ausführungen nur vorbehaltlos zustimmen. Bei der Klarheit dieser Worte bleibt nur die Frage: Wie kann es die *Europäische Union* dann überhaupt zulassen, dass Produkte aus eindeutig ausbeuterischen Arbeitsverhältnissen auf ihren Märkten gehandelt werden dürfen, und wie ist es möglich, dass die *europäische Zivilgesellschaft* sich nicht auf die eindeutige EU-Philosophie beruft und ein konsequentes Handeln der EU zur Durchsetzung eines globalen Mindestlohns verlangt?

Die Durchsetzung eines globalen Mindestlohns ist das genaue Gegenteil eines imperialistischen Verhaltens: Es handelt sich hier nicht um einen Standard, der der EU Nutzen stiften und den anderen Ländern und deren Bürgern Schaden zufügen würde. Ganz im Gegenteil geht es darum, dass die reichen Länder über die Einführung eines globalen Mindestlohns endlich bereit wären, faire Lohnkosten zu bezahlen. Wenn es heute darum gehen muss, was die EU im nächsten Zitat wiederum völlig richtig festhält, dann muss die EU – mit Unterstützung ihrer Zivilgesellschaft und von NGOs – über Wege nachdenken, wie diese Ziele nicht nur *konsequent*, sondern auch *realistisch zeitnah* erreicht werden können:

»In der EU-Handelspolitik geht es jetzt nicht mehr nur um die Liberalisierung des Handels. Es geht auch darum, die internationalen Regeln zu aktualisieren und zu verbessern und ihren Anwendungsbereich zu erweitern, damit im Rahmen einer geregelten Globalisierung der faire Handel gewährleistet ist. Und es geht darum, international verstärkt die Belange der Entwicklungsländer zu berücksichtigen und Fragen von allgemeinem öffentlichen Interesse zu behandeln.«

Wer dies erreichen will, muss ernsthaft prüfen, ob die real existierende Praxis der internationalen Verhandlungen und deren gegenwärtiger Zustand dafür als aussichtsreich angesehen werden können. Die Anzeichen sprechen nicht dafür, ganz im Gegenteil.

Die vergangenen Jahre waren bei den großen internationalen Herausforderungen durch einen erschreckenden Rückfall in unilaterales Verhalten gekennzeichnet, was beispielsweise den internationalen Terrorismus eher beflügelt als eingedämmt hat, und dies trotz Einsatzes gigantischer finanzieller und sonstiger Mittel. Die Klimaverhandlungen kamen mehr als zwei Jahrzehnte nicht ernsthaft voran, obwohl die Stimmen über die bedrohliche Lage erheblich an Deutlichkeit und Gewicht zugenommen haben. Oder, um ein drittes Aktionsfeld anzusprechen: Die WTO-Verhandlungen stocken seit Jahren, obwohl die Ministerkonferenz am 14. November 2001 mit einem klugen und richtungsweisenden Beschluss endete. Man läutete eine neue Runde von Welthandelsgesprächen ein, die man als »Entwicklungsagenda von Doha« bezeichnete. Dafür artikulierte man diese Zielsetzung:

»Zur Untermauerung der Agenda haben sich die WTO-Mitglieder verpflichtet, den Entwicklungsländern dabei zu helfen, vollen Nutzen aus künftigen WTO-Beschlüssen zu ziehen«, schreibt die EU und fährt fort: »Nach Auffassung der EU ist die neue WTO-Runde, zu deren Einleitung sie maßgeblich beitrug, das geeignetste Mittel, um sicherzustellen, dass bei der Ausweitung des Handels ein Gleichgewicht zwischen Wirtschaftswachstum, Umweltschutz und sozialer Gerechtigkeit – mit anderen Worten eine nachhaltige Entwicklung – erreicht wird.« In einem anderen EU-Dokument mit dem Titel »Ein globaler Akteur« heißt es noch deutlicher: »Ziel ist es, Hindernisse des Freihandels insbesondere zugunsten der Entwicklungsländer zu beseitigen« und »Entwicklungsländern zu helfen, ihre Handelsbilanz zu verbessern, indem ihnen besserer Zugang zum EU-Markt gewährt wird.«

Doch die ersten Verhandlungsrunden zur Doha-Entwicklungsagenda haben sich sehr schnell wieder von diesem Ziel entfernt. Die Verlockungen, kurzsichtige innenpolitische und nationale Interessen zu bedienen, erwiesen sich für viele Länder als unwiderstehlich. Das lähmende Ringen um egoistische Vorteile setzte sich unvermindert fort.

Multilaterale Verhandlungen dürfen keinesfalls ausgesetzt werden. Multilateralismus ist die richtige Ebene, auf der sich alle wichtigen Fortschritte letztlich durchsetzen müssen. Aber auch die Europäische Union wäre – in historischer Dimension gesehen – niemals so schnell vorangekommen, hätte nicht ein Kernteam von Ländern wie Frankreich und Deutschland eine aktive Vorreiterrolle gespielt. Die EU muss als besonders erfahrene und erfolgreiche Staatengemeinschaft in der heutigen Weltlage eine analoge Rolle in der Weltpolitik spielen. Das gegenwärtige Entscheidungstempo der multilateralen

Verhandlungen zu den großen Menschheitsaufgaben ist ohne jeglichen Zweifel sehr weit hinter den Erfordernissen zurück. Es gibt keine ernsthafte Alternative dazu, dass Staatengemeinschaften heute für einzelne Themenfelder eine Vorreiterrolle übernehmen.

Die EU muss diese Verantwortung auch deshalb übernehmen, weil niemand über mehr Erfahrungen mit einer ökosozialen Rahmenordnung für die Marktwirtschaft verfügt. Diese historische Rolle der EU wird inzwischen auch von immer mehr Ökonomen in Nordamerika und der gesamten Welt anerkannt.

Fragen & Antworten

Ist die Europäische Union nicht durch ihre Agrarsubventionen, die für viele Landwirte in ärmeren Ländern ruinös sind, viel zu sehr diskreditiert?

Die Europäische Union ist beides, Interessenvertretungsgemeinschaft und Wertegemeinschaft, und beides steht in einem Spannungsverhältnis oder auch immer wieder im Konflikt miteinander. Die Agrarsubventionen sind ein Beispiel für den Einfluss sehr starker Lobbyverbände und für partikulare und sehr problematische Interessenwahrung, richtig. Gleichzeitig ergreift die Europäische Union immer wieder sehr wertvolle wertbezogene Initiativen. So setzte sie viele ökologische Standards fest, die weltweite Auswirkungen haben. Solange wir keine besseren Institutionen geschaffen haben, müssen wir zusehen, dass die vorhandenen sich für möglichst sinnvolle Ziele einsetzen.

Kann die EU eine gute Anwältin für einen globalen Mindestlohn werden?

Die EU bietet besonders viele gute Voraussetzungen für diese Rolle. Ihre Statuten setzen auf die Idee einer *sozialen* Marktwirtschaft. Der globale Mindestlohn ist der ideale Einstieg, auch auf globaler Ebene deren zukunftsweisende Kraft unter Beweis zu stellen. Nahezu alle EU-Mitgliedsstaaten haben in ihren Ländern bereits Mindestlöhne eingeführt. In der praktischen Umsetzung herrscht in der EU also reichlich Erfahrung. Als Anwältin für die Einführung eines globalen Mindestlohns würde die EU in einer immer mehr aufeinander angewiesenen Welt ihren Ruf als vorausschauende Akteurin für eine kluge Interessensbalance innerhalb der Weltgemeinschaft stärken. Sie würde damit eine systemische Qualität beweisen, die ihr auf Jahrzehnte einen Vertrauensbonus bei einem so lange vernachlässigten sehr großen Teil der Menschheit sichern würde.

11 Made *for* Oneworld

Wie ein »Made *for* Oneworld«-Label den globalen Mindestlohn als Qualitätskriterium durchsetzen wird

Qualität neu definieren: die WeQualities!

Das Genisis Institute beobachtet seit seiner Gründung im Jahr 2008 das Aufblühen eines neuen Denkens und Handelns in der Weltgesellschaft, eines Denkens und Handelns, das sich zunächst in der Gestalt zahlloser neuer sozialer Innovationen zeigte. In einer internen Studie stellte Genisis dann im Jahr 2014 fest, dass die zugrunde liegende Wende noch viel tiefer greift und sich längst in *allen* gesellschaftlichen Bereichen manifestiert, keineswegs nur im sozialen Sektor. Genisis fasste dafür, wie schon erwähnt, einen neuen Begriff: WeQ. WeQ steht für WeQualities, für die Orientierung an Wir-Qualitäten jenseits der Orientierung an egoistischen und verengenden Ich-Qualitäten.

Mehr als 200 Einzeltrends, die in den vergangenen zehn Jahren entstanden sind, sah sich das Genisis Institute an und identifizierte zwei gemeinsame Merkmale: Alle diese Trends drücken eine neue Qualität der Orientierung am Gemeinwohl aus, und alle diese

Trends orientieren sich weitaus stärker als bisherige an *Collaboration*, an Zusammenarbeit im Geiste der Nutzung und Weiterentwicklung kollektiver Intelligenz. »Open Source«, »Open Innovation«, »Open Learning«, »Co-Creation«, »Co-Working«, »Network Thinking«, »Social Entrepreneurship«, »Social Inclusion«, »Inclusive Business« sind nicht nur Begriffe für diese neue Welt an Einzeltrends im neuen WeQ-Modus, sie sind zugleich auch Einzeldefinitionen eines tief greifend neuen Qualitätsverständnisses.

Ein Jahr nach der Entdeckung von WeQ als dem neuen übergreifenden Megatrend entstand die WeQ Foundation, die sich vornahm, WeQ der breiten Öffentlichkeit als neue Qualitätsstufe bewusst zu machen und seine universelle Durchsetzung voranzubringen. Als WeQ-Werte definierte die WeQ Foundation – im Sinne einer offenen, sich permanent weiterentwickelnden Charakterisierung:

»WeQ bietet mehr Wert für jeden von uns. WeQ ist Team und Prozess. WeQ ist Austausch auf Augenhöhe. WeQ ist Lernen in Gemeinschaft. WeQ ist Beteiligung und Integration. WeQ entfaltet jedermanns Potenziale. WeQ vernetzt unser Wissen und unsere Erfahrungen. WeQ steht für offene Ergebnisse. WeQ denkt im Sinne aller. Wir-Qualitäten werden somit zum Motor für Veränderung. WeQ ermöglicht starke Lösungen im Vertrauen aufeinander, beflügelt Kreativität und Innovation. Herausforderungen gemeinschaftlich anzugehen und die Welt weiter zu denken, das ist WeQ.«

Die WeQ Foundation nahm die Initiative »1-Dollar-Revolution« für einen globalen Mindestlohn in seine erste Liste an Beispielen für die neue Orientierung an

WeQ auf. Das in diesem Kapitel nun näher vorgestellte neue Label namens »Made *for* Oneworld« orientiert sich am WeQ-Verständnis und an den WeQ-Werten und will diese in der Fortentwicklung eines »Global Fair Trade Systems« zur Geltung bringen. Doch zunächst zur Frage, weshalb wir eine neue Qualität eines Labels für die ökosozialen Qualitäten unserer Produktwelt brauchen.

Den Qualitätsbegriff erweitern und durchsetzen – durch Selbstverpflichtung und eine neue Art unternehmerischen Lobbyings

Jedes Unternehmen muss in Bezug auf seine *finanziellen* Erfolge seinen Inhabern beziehungsweise Shareholdern regelmäßig Rechenschaft ablegen. Die Eigentümer beziehungsweise Aktionäre verlangen einen offenen und klaren Blick auf die finanzielle Stärke und die Performance ihres Unternehmens. Jedes Unternehmen muss ebenfalls Rechenschaft über die *technisch-funktionalen* Qualitäten seiner Produkte ablegen. Für deren Prüfung gibt es reichlich staatliche Vorgaben und wurden zahlreiche starke Institutionen ins Leben gerufen.

Die Bewertung der Unternehmenserfolge in Bezug auf die *ökologische, soziale und gesamtgesellschaftliche Verantwortung* unterliegt hingegen keiner ähnlich klaren Konsequenz. Sie ist bei jedem Unternehmen unterschiedlich entwickelt. Transparenz in der Werteorientierung eines Unternehmens ist noch immer keine Selbstverständlichkeit.

Vonseiten der Öffentlichkeit und der Politik gewinnt die Diskussion über die soziale und die gesellschaftliche

Verantwortung von Unternehmen jedoch in den letzten 20 Jahren Zug um Zug immer größere Aufmerksamkeit und Aktualität. Im Zusammenhang mit den Globalisierungsprozessen stehen die Unternehmen immer mehr im Licht der Aufmerksamkeit.

Insbesondere über die kommunikative Macht der Medien ist es NGOs und anderen Stakeholder-Gruppen gelungen, den gesellschaftlichen Druck auf Unternehmen zu erhöhen. Diese antworteten auf ihre wachsende gesellschaftliche Verantwortung zunehmend mit der Bildung eigener Abteilungen für Corporate Social Responsibility (CSR).

Gleichzeitig stehen viele Unternehmen in Europa und den Industrieländern unter wachsendem Öko- und Sozialdumping-Wettbewerbsdruck seitens der Konkurrenz aus Entwicklungs- und Schwellenländern. Der Grund hierfür ist, dass die Politik einen solch unfairen Wettbewerb zulässt und es bisher versäumt hat, faire und funktionierende Rahmenbedingungen für eine ökosoziale Marktwirtschaft im internationalen Handel zu schaffen.

Da klare politische Festlegungen auf ökosoziale Standards fehlen, beschränkt sich die Transparenz der Unternehmen bezüglich ethischer Aspekte ihres Handelns auf einen kleinen Teil ihrer Produktpalette – jenen Teil, in dem »fairer Handel« trotz des scharfen Dumpingwettbewerbs wenigstens teilweise funktionieren kann. Nur dieser Teil findet Widerhall in der CSR-Kommunikation.

Mehrere Einzelhandelskonzerne in Europa versuchen ihrer Verantwortung in Sachen gesellschaftliches Engagement dadurch nachzukommen, dass sie einen gemeinsamen Verhaltenskodex definierten. Auf diesem Wege erreichen sie gleichzeitig auch wenigstens ein kleines Stück Wettbewerbsneutralität untereinander. Die in der »Business Social Compliance Initiative« (BSCI) zusammengeschlossenen Unternehmen verlangen von ihren Lieferanten die Erfüllung einer Reihe sozialer und ökologischer Standards, bevor sie mit ihnen Geschäftsbeziehungen aufnehmen. Die Lieferanten bestätigen dies durch eine Verpflichtungserklärung und ein sogenanntes Selbstaudit: sie »prüfen« sich also selbst. Es ist klar, dass dies nur sehr bedingt wirksam sein kann. Wie löchrig und inkonsequent dieser Ansatz ist, zeigt sich an der nicht enden wollenden Serie von Enthüllungen in den Medien. Beispielsweise musste Nestlé einräumen, dass in der Kette der Subunternehmen, die für diesen Konzern arbeiten, selbst die übelsten Formen purer Sklaverei keine Einzelfälle sind. Die NGOs arbeiten sich hier von Skandal zu Skandal mühsam weiter voran, um für die jeweils nächste kleine Stufe an Transparenz die notwendige Bereitschaft der Unternehmen zu erreichen.

Richtig wäre es, wenn die BSCI-Mitglieder beispielgebend vorangehen und zusätzlich ihre Lieferanten dazu verpflichten würden, sich nach ISO 14001 und SA8000 zertifizieren zu lassen – und dabei noch einen absolut entscheidenden Schritt weiter gehen würden: indem sie die Verpflichtungen von SA8000 um einen globalen Mindestlohn, wie er in diesem Buch vorgeschlagen wird, ergänzen. ISO 14001 fasst die wichtigsten Umweltstandards in einem international anerkannten Managementsystem zusammen, SA8000 die wichtigsten Sozialstandards. Wir schlagen vor, diese zur Pflicht für alle Unternehmen zu machen, weil sie nicht erst in neuen aufwendigen Verfahren definiert werden müssen, sondern eingeführt sind und den Praxistest in allen Unternehmen, die diese Standardprüfung für sich – bisher auf rein freiwilliger Basis – zur fortgesetzten Anwendung bringen, bestens bestanden haben.

Solange dieser Schritt nicht getan ist, dreht sich die Umsetzung glaubwürdiger ökosozialer Standards viel zu sehr im kleinen Kreis der Freiwilligkeit, ohne dass nur annähernd befriedigende Ergebnisse für den gesamten Markt und damit für die gesamte Gesellschaft zustande kommen können: Da die Politik solche Standards nicht überzeugend umsetzt und durchsetzt, richtet sich die Zivilgesellschaft mit ihrer Erwartung, dass Unternehmen mehr gesellschaftliche Verantwortung übernehmen, an die Wirtschaft. Und die Wirtschaft reagiert darauf, kann aber aufgrund des gnadenlosen Wettbewerbs insbesondere bei Massenprodukten nur in einem sehr überschaubaren Rahmen agieren, solange die Politik nicht klare Rahmenbedingungen vorgibt.

Der bisher weitreichendste Ansatz ist die von Christian Felber gestartete Initiative für eine Gemeinwohl-Ökonomie mit dem Instrument einer freiwilligen Gemeinwohl-Bilanz, die alle wichtigen ökologischen und sozialen Aspekte eines nachhaltigen Wirtschaftens bewertet. Klugerweise sieht diese Initiative jedoch als Ziel, dass eine konsequente und glaubwürdige Gemeinwohl-Bilanz letztlich zur gesetzlichen Pflicht erhoben wird, so wie dies auch für eine kaufmännische Bilanz der Fall ist.

So wie im Falle der Erklärung der 24 CEOs zur globalen Klimapolitik, die in Kapitel 2 angesprochen wurde, sollte die Wirtschaft allgemein viel deutlicher und öffentlich vernehmbar erklären, dass sie kein Problem damit hat, wenn die Politik starke und verantwortungsvolle Rahmenbedingungen setzt und wirksame Kontrollen für alle Unternehmen installiert. Solche Schritte der Politik sind vonseiten der Wirtschaft in den Industrienationen ausdrücklich erwünscht, denn so könnten die Unternehmen ihre soziale Verantwortung wesentlich stärker und zugleich wesentlich leichter wahrnehmen. Von solchen Regeln hängt ganz entscheidend ab, welches »Gesamtprodukt« entsteht: eine Produktwelt mit vielen schädlichen Nebenwirkungen auf die Umwelt und auf die Würde sehr vieler Menschen oder eine Produktwelt, bei der die »gesellschaftlichen Produkte« Nachhaltigkeit und menschliche Würde gleich mithergestellt werden.

Die entscheidende Frage für die Wirtschaft lautet, ob die Regeln seitens der Politik für alle gelten und damit die Wettbewerbsbedingungen neutral sind. Unter dieser Voraussetzung kann die Erfüllung rechtlich gesetzter ökosozialer Standards – gleichgültig, ob zu diesem fixierten Standard bessere Löhne gehören oder bestimmte Umweltmaßnahmen oder beides – in die Kalkulation der Produkte einfließen, ohne dass ein Unternehmer befürchten müsste, dass ihn dies die Wettbewerbsfähigkeit kostet. Doch hierfür ist ein faires Handelskonzept mit wirksamen Kontrollen seitens der Politik erforderlich.

Gibt es jedoch von der Politik lediglich unverbindliche Absichtserklärungen oder Rahmenbedingungen, die nur für einen Teil der Wirtschaft gültig sind (so wie die EU-Standards nur für Unternehmen im EU-Wirtschaftsraum gelten) oder viele Schlupflöcher bieten, dann haben wir das Ergebnis des heutigen »freien Handels«. »Freier Handel« bedeutet so aber auch »frei« im Sinne der »freien« Verletzung fundamentaler Standards der Menschenwürde und der »freien« Belastung der Natur. »Freier Handel« wird so zu »freiem Handeln« gegen Mensch und Natur nach »freiem« Gutdünken und »freier« Wahl für oder gegen ökosoziale Werte.

Der heutige sogenannte freie Handel kann und muss durch ein neues faires Handelssystem abgelöst werden, das für alle global agierenden Unternehmen gültig ist. Wir bezeichnen ein solches faires Handelssystem künftig als Global Fair Trade System.

Die Europäische Union als größte Handelsmacht der Welt ist unter Berufung auf ihre eigenen Prinzipien sowie auf das WTO-Prinzip der Wettbewerbsneutralität in der historischen Pflicht, ein transparentes Handelssystem einzuführen für alle Produkte, die in der EU gehandelt werden dürfen. Und sie ist in der Lage, dies mit besten Argumenten nötigenfalls auch im WTO-Panel beziehungsweise bei den WTO-Gerichten durchzusetzen.

Mindestlohn global durchsetzen – das nächste Großprojekt der Europäischen Union

Ein Global Fair Trade System, das diesen Namen verdient, basiert auf einem neuen Handelskonzept, das die globalen ökonomischen Prozesse mit Umwelt- und sozialen Standards – einschließlich eines globalen Mindestlohns – wettbewerbsneutral verbindet.

Das internationale Handelssystem von heute ist nicht wettbewerbsneutral aus folgenden Gründen:

- Es verteilt den Wohlstand sehr ungerecht.
- Es gibt seitens der Unternehmen keine Transparenz in Bezug auf ökosoziale Standards.
- Viele Produkte in den Entwicklungsländern entstehen unter Missachtung von Mensch und Natur.

Aufgrund des heutigen freien Handelssystems werden auf dem Weltmarkt die Agrarprodukte und die Rohstoffe der Entwicklungsländer zu Niedrigstpreisen gehandelt, mit denen die Bauern ihre Produktions- und Lebenshaltungskosten nicht decken können. Bei der Weiterverarbeitung bis zur Herstellung der Endprodukte werden in den Entwicklungs- und Schwellenländern Millionen Arbeiter unter umweltschädigenden und unwürdigen Arbeitsbedingungen sowie zu inakzeptablen Löhnen beschäftigt. Ein großer Teil dieser Produkte landet auf dem EU-Binnenmarkt.

Wie passt dies mit folgender Wertefestlegung zusammen, die in Artikel 2 des Verfassungsentwurfs für die Europäische Union formuliert ist: »Die Werte, auf die sich die Union gründet, sind die Achtung der Menschenwürde, Freiheit, Demokratie, Gleichheit, Rechtsstaatlichkeit und die Wahrung der Menschenrechte; diese Werte sind allen Mitgliedstaaten in einer Gesellschaft gemeinsam, die sich durch Pluralismus, Toleranz, Gerechtigkeit, Solidarität und Nichtdiskriminierung auszeichnet.«

Auch wenn die Verabschiedung einer EU-Verfassung aus völlig anderen Gründen vorerst vertagt wurde, könnte und sollte man aus dieser Festlegung, die immerhin den Charakter einer Charta der Grundwerte und der Rechtsprinzipien für die gesamte EU haben soll, durchaus eine zentrale juristische Frage ableiten: Müsste man nicht alle Unternehmen in der EU, die Empfänger oder Händler von Produkten sind und diese Grundwerte missachten, juristisch zur Verantwortung ziehen?

Die EU kann, wenn sie will, solchen Produkten einen Riegel vorschieben. Sie hat sogar eine klare rechtliche *Verpflichtung*, bei Produkten, die in der EU hergestellt oder gehandelt werden, auf die Einhaltung der im Verfassungsentwurf formulierten fundamentalen Grundprinzipien und Grundrechte zu achten.

Es ist nicht akzeptabel, dass dieselben Unternehmen, die in Europa gesetzlich verordnete ökosoziale Verantwortung wahrnehmen müssen, gleichzeitig mit Teil- und Fertigprodukten von außerhalb Europas agieren, bei deren Herstellung diese ökosozialen Mindeststandards ignoriert wurden. Diese Doppelmoral der Unternehmen in Europa und den restlichen Industrienationen ist vom heutigen »freien« Handelssystem erzwungen, da es keine fairen Wettbewerbsregeln gibt, die für alle Handelspartner global gültig wären.

Ein neues Handelssystem, das die EU-Grundwerte und -Grundrechte berücksichtigt und im Welthandel Transparenz und Wettbewerbsneutralität gewährleistet, ist möglich. Der Schlüssel dazu ist die konsequente Verknüpfung eines jeden Produkts, das in der EU gehandelt werden soll, mit den geltenden EU-Grundprinzipien. Da der Preis eines Produkts sich maßgeblich über die sozialen und ökologischen Standards ermittelt, unter denen es hergestellt wird, müssen für einen fairen Wettbewerb der *Produkte* die gleichen ökosozialen Standards Gültigkeit haben. Die Produkte werden international über *Rechnungen* gehandelt. Dadurch ist über die Lieferkette der Produkte nachvollziehbar, ob die Standards tatsächlich eingehalten werden.

Eine einfache EU-Verordnung kann die Wende bringen

Um von dem heutigen (un)freien Handelssystem auf ein faires und im vollen Wortsinne – nicht nur für eine Minderheit, sondern für alle – wirklich »freies« Handelssystem umzusteigen, bedarf es vonseiten der Politik der EU lediglich folgender Verordnung:

»Sämtliche Produkte, die auf dem EU-Markt gehandelt werden, müssen die fundamentalen Werte der EU erfüllen. Damit dies kontrollierbar und nachvollziehbar ist, benötigen die Produkte eine EU-Zulassungsnummer. Die Hersteller müssen ihre Produkte auf ökosoziale Standards zertifizieren lassen, bevor sie diese Zulassung erhalten. Für die sozialen Standards muss die Zertifizierung nach SA8000 vorliegen, für die Umweltstandards die Zertifizierung nach ISO 14001. Bei den sozialen Standards muss zusätzlich ein globaler Mindestlohn von 1 Dollar pro Stunde auf der Grundlage des Basisjahrs 2017 erfüllt sein.«

Die Wirtschaft hätte diese EU-Verordnung in einer angemessenen Übergangszeit zu implementieren.

Eine solche Verordnung der EU über eine Zulassungsnummer für die ökosozialen Standards aller Produkte, die in der EU gehandelt werden sollen, wäre nach unserer Überzeugung WTO-konform. Die EU könnte sich dabei auf das Prinzip der Wettbewerbsneutralität berufen. Sie könnte gegenüber dem WTO-Panel und nötigenfalls auch gegenüber den WTO-Gerichten die klare Position vertreten, dass Wettbewerbsneutralität unter dem Vorzeichen einer offenen Weltgesellschaft einzig und allein durch gleiche Regeln und ökosoziale Standards für alle in der EU gehandelten Produkte sicherzustellen sei. Die EU wolle dabei bewusst keine eigenen Standards setzen, sondern lediglich jene anerkannten internationalen Standards anwenden, die in den ebenfalls international anerkannten Managementsystemen SA8000 und ISO 14001 Niederschlag gefunden haben.

Wie bereits betont, hätte die Wirtschaft kein Problem, eine solche EU-Verordnung zu akzeptieren, solange sie für alle Mitbewerber gültig wäre. Für die Unternehmen wäre es eine rein kalkulatorische Aufgabe. Sie könnten die erforderlichen sozialen und ökologischen Kosten wettbewerbsneutral und damit ökonomisch völlig unproblematisch einpreisen. Wenn der globale Mindestlohn Teil der sozialen Standards würde, stellte auch dies für die Unternehmen kein Problem dar.

Die Umsetzung grundlegender sozialer und ökologischer Standards würde für die Unternehmen nicht nur keine Belastung darstellen, weil sie die Kosten wettbewerbsneutral an die Kunden weitergeben können, sie würde auch das Ansehen der Unternehmen und der Wirtschaft insgesamt in der Öffentlichkeit erheblich verbessern. Ein solches Vorgehen würde ebenso die Wertigkeit der Produkte anheben, sodass die Unternehmen wegen der höheren Akzeptanz bei den Konsumenten bessere Preise erzielen könnten.

Die Verordnung der EU sollte natürlich auch wirksame Sanktionen vorsehen für Unternehmen, die diese Verordnung missachten. Potenziell drohende Geldstrafen werden von der Wirtschaft als ein spekulativer kalkulatorischer Faktor behandelt, also schon bei der Kalkulation berücksichtigt. Sie treffen ein Unternehmen, das von vornherein mit solchen »unerwarteten Kosten« rechnet, nicht wirklich. Wir brauchen daher einen anderen Sanktionsmechanismus. Als wirksames Instrument, um Unternehmen zu zwingen, Fehlleistungen mit allen Mitteln von Anfang an zu vermeiden, erwies sich die Verpflichtung zu Rückrufaktionen. Dieses Mittel wird eingesetzt, wenn Produkte gegen Standards verstoßen, die zur Sicherstellung der Gesundheit oder zu anderer Gefahrenvermeidung wichtig sind. Manche Unternehmen nehmen ihre technischen Qualitätsstandards so wichtig, dass sie sogar freiwillige Rückrufaktionen durchführen, wenn sie ihren Ruf gefährdet sehen.

Warum sollte ein Unternehmen, das Produkte aus Sklavenarbeit anbietet, nicht gezwungen werden, diese aus den Regalen und Verkaufskanälen zu nehmen? Nehmen wir die technische Qualität von Produkten wirklich wichtiger als die humanitäre? Eine Rückrufaktion aus Gründen des Verstoßes gegen humanitäre Grundprinzipien würde dem Ansehen und damit dem wirtschaftlichen Wohl eines Unternehmens so sehr schaden, dass es ein solches Risiko mit allen Mitteln zu vermeiden suchen müsste.

Als letzte Sanktionsmaßnahme bei wiederholtem Verstoß sollte die Zulassungsnummer des betroffenen Unternehmens in der zentralen Datei der EU-Zulassungsstelle gelöscht werden. In diesem Fall ist das Unternehmen mit seinen Produkten vom EU-Markt ausgeschlossen, weil bei jeder Handelsrechnung diese Nummer angegeben werden muss.

Das Global Fair Trade System bedeutet im Kern eine Erweiterung unserer Definition von Qualität. Bisher hatten wir ein sehr technisch orientiertes Verständnis von Qualität. Nunmehr gilt es, dieses um die Dimensionen der Ökologie und der Humanität zu erweitern, ganz im Sinne der WeQualities.

Ein einziges Siegel auf jedem Produkt wird die erforderliche Transparenz im Welthandel gewährleisten.

Das Label »Made *for* Oneworld«

Wir schlagen für das hier beschriebene Ziel die Einführung eines Labels vor, dem wir den Namen »Made *for* Oneworld« geben.

Dieses Siegel darf jedes Unternehmen auf seine Produkte anbringen, wenn es folgende Standards erfüllt:

- Einhaltung der sozialen Standards, die nach SA8000 definiert und zertifiziert sind,
- Einhaltung des globalen Mindestlohns, der in den ärmsten Ländern bei einer absoluten Untergrenze von netto 1 Dollar pro Stunde festgelegt ist.

Das Siegel könnte etwa folgendermaßen aussehen:

WeQUALITY
madeforoneworld.org

Das Siegel gibt die Sicherheit, dass dieses Produkt den beschriebenen Kriterien entspricht und entsprechend überprüft wurde. Über den QR-Code kann sich jeder Interessierte die unmittelbare Transparenz des Produktionswegs aufrufen. Über die genannte Homepage kann jeder jederzeit den aktuellen Standard der Kriterien und den genauen Prozess der Überprüfung und der Siegelvergabe erfahren.

Es ist sinnvoll, das »Made *for* Oneworld«-Label zunächst in der EU einzuführen, weil hier die Wahrscheinlichkeit einer zügigen Umsetzung wesentlich größer ist als über die internationalen Institutionen. Dennoch soll dies nur ein erster Schritt sein. Letztlich soll das Global Fair Trade System, wie der Name schon sagt, global zur Anwendung kommen. Die dafür zuständige Organisation wäre die ILO.

Nach der Logik des Global Fair Trade Systems greift aber bereits die erste Stufe der Umsetzung über eine EU-Verordnung für alle Produkte, die in der EU gehandelt werden, sehr tief in den globalen Handel und in die globalen Produktionsketten ein. Erfasst werden alle Unternehmen, die unmittelbar sowie über alle Produktions- und Zulieferstationen mittelbar in den EU-Markt liefern möchten. Über einen weiteren Effekt wird ein noch größerer Wirkradius gezogen: Es rechnet sich für die betroffenen Unternehmen in aller Regel nicht, wenn sie ihre Produkte nach zwei verschiedenen Standards produzieren: einmal nach den Standards des Global Fair Trade Systems für den EU-Markt und einmal ohne diese Standards für Märkte außerhalb der EU. Eine solche Zweigleisigkeit verursacht mehr Zusatzkosten als Nutzen. Somit wird durch die »Global Fair Trade System«-Verordnung der EU ebenfalls der Großteil jener Produktion erfasst, die nicht für die EU vorgesehen ist.

Nicht zuletzt aufgrund dieser Effekte spricht viel dafür, dass andere Länder oder andere Regionen wie beispielsweise die nordamerikanische Freihandelszone sich dem EU-Beispiel anschließen werden. Auch ist die Wahrscheinlichkeit sehr groß, dass die ILO das Global Fair Trade System der EU mit nicht allzu langem Zeitverzug aufgreifen und weltweit implementieren wird.

Ist das geschehen, trägt das Global Fair Trade System, insbesondere durch die Integration des Konzepts eines globalen Mindestlohns, vor allem dazu bei, das Problem einer noch immer milliardenfachen bitteren Armut so breitflächig, schnell und effizient anzugehen wie kein anderer bisheriger Vorschlag zur weltweiten Armutsbekämpfung. Praktisch das gesamte Geld, das durch die Einhaltung von Mindestlöhnen und Mindestpreisen bei den Ärmsten der Welt ankommt, fließt unmittelbar in die Wirtschaftskreisläufe zurück, sodass die globalisierte Wirtschaft keinerlei Nachteil davon haben wird. Ganz im Gegenteil: Auf diesem Wege wird nicht weniger als der Hälfte der Menschheit erst der Weg bereitet zum Einstieg in die Weltwirtschaft und zur aktiven Entwicklung ihrer Potenziale in diesem Rahmen. Das Global Fair Trade System schafft nichts Geringeres als ein humanes Weltwirtschaftswunder, das im doppelten Sinne human ist: Es rottet die schlimmsten Formen an Inhumanität in der Weltwirtschaft an der Wurzel aus, und es lebt von der Aktivierung des Humanpotenzials des Großteils der Menschheit, das bisher weitestgehend brachlag.

Das Global Fair Trade System ist vor allem aber auch ein sehr machtvolles Instrument, um den so überfälligen Nord-Süd-Ausgleich in geordnete Bahnen zu lenken. Der Übergang zu einer besser balancierten Entwicklung weltweit – unter anderem das Kernziel der »Global Marshall Plan«-Initiative – kann auf diese Weise sowohl friedlich als auch dynamisch erfolgen, unter Berücksichtigung der grundlegenden Interessen der armen und der reichen Länder und sowohl ökologisch und sozial förderlich als auch ökonomisch klug.

Fragen & Antworten

Greift die EU mit einer Verordnung, wie sie hier vorgeschlagen wird, nicht weit über ihre Kompetenzen hinaus in die Weltwirtschaft ein?
Die EU tat und tut dies laufend, bisher jedoch fast ausschließlich für technische, ökologische und gesundheitliche Standards. Der Bereich sozialer Standards war bisher offensichtlich unterrepräsentiert. Das Muster derartiger Verordnungen ist also längst gesetzt und etabliert. Es müsste nur um soziale Standards erweitert werden.

Würde das TTIP-Abkommen nach seiner Verabschiedung die Durchsetzung eines globalen Mindestlohns durch eine EU-Verordnung erschweren?
Das hängt davon ab, wie dieses letztlich abgefasst sein wird. Es ist jedoch höchste Zeit, diese Frage kritisch zu prüfen und zu klären in dem Sinne, dass TTIP nicht zu einem Hindernis für diesen kürzesten Weg zur Einführung eines globalen Mindestlohns werden kann. Nachdem der kanadische Ministerpräsident Justin Trudeau

das vergleichbare CETA-Abkommen noch einmal auf den Prüfstand stellen will und gleichzeitig der frühere WTO-Chef Pascal Lamy meinte, TTIP hätte nur eine Chance, wenn man sich grundsätzlich auf die jeweils höheren Standards einigt, ist die Zeit dafür günstig.

Das vorgeschlagene Label »Made for *Oneworld« deckt nicht alle Qualitätsmerkmale des WeQ-Megatrends ab. Warum nicht gleich ein Label einführen, das auch die Umsetzung von Open Source oder Co-Creation von allen Unternehmen fordert?*
Ganz sicher setzen sich alle neuen Qualitätsmerkmale, die der Megatrend WeQ beschreibt, unweigerlich durch, da sie dem neuen und sich rasch ausbreitenden Verständnis entsprechen, dass ein kollaborativer Geist, dass kollektive Intelligenz im Zeitalter des Internets einfach überlegen ist. Da beispielsweise Elon Musk, der Gründer des Elektroautomobilwerks Tesla, dies erkannt hat, gibt er alle technologischen Geheimnisse seines Unternehmens von vorneweg und grundsätzlich frei zur Nutzung durch jeden, der dies möchte. Er zieht genau damit die besten und kreativsten Entwickler an und erzielt damit den entscheidenden Vorteil vor seinen Konkurrenten, die ihr Wissen noch abschotten möchten. »Collaboration is the next competition«, brachte Todd Khozein, der Gründer der neuartigen Unternehmensberatung SecondMuse, diesen neuen Geist auf den Punkt. Nur: Wenn wir die Universalwende, die in WeQ steckt, mit einem Schritt erreichen möchten, wird dies scheitern. Im Sinne einer WeQ-Verantwortung ist der größte Schritt, den die Menschheit in sozialer Hinsicht in nächster Zeit gehen kann, die Einführung eines globalen Mindeststundenlohns als weltweite Lohnuntergrenze, weil

dies die Entwicklungschancen mit einer einzigen Maßnahme für etwa ein Drittel des arbeitenden Teils der Menschheit kurzfristig und fundamental verändern würde. Alle weiteren We-Qualitäten setzen sich auf anderem Wege durch: durch die Evidenz ihrer jeweiligen Erfolge in Wirtschaft und Gesellschaft.

12 Die 1-Prozent-Revolution

Wie ein »Global Goals Fund« die Wende zu einer weltweiten sozialen Marktwirtschaft bereitet

Um nicht nur jene Menschen aus der Armutsfalle zu befreien, die in Arbeit stehen, sondern auch diejenigen ohne Arbeit, folgt hier ein Vorschlag speziell für diese Bevölkerungsgruppe. Dieser Vorschlag greift jedoch weit darüber hinaus und ermöglicht gleichzeitig die Finanzierung der Global Goals, die die Vereinten Nationen am 25. September 2015 einstimmig verabschiedet haben.

Ein Global Goals Fund für den endgültigen Sieg über die Armut

Mit einem globalen Mindestlohn von 1 Dollar pro Stunde ist es möglich, die Armut in der Welt regelrecht »abzuschneiden« für jenen Teil der Bevölkerung, der in Arbeit steht oder in Arbeit kommt. Dessen Einkommen läge damit mehr als sechsmal so hoch wie die offizielle Grenze der UNO zur »absoluten Armut«, die bei 1,25 Dollar pro Tag angesetzt ist.

Zwar werden durch einen globalen Mindestlohn auf der Basis eines Stundensatzes von 1 Dollar deutlich mehr Menschen Arbeit finden, aber was ist mit jenen, die nach wie vor keine Arbeit bekommen werden oder schlicht nicht arbeiten können? Für sie bedarf es einer anderen Lösung.

In den meisten Ländern der Welt existiert keine Arbeitslosen- und keine Sozialversicherung, so wie wir sie aus Mitteleuropa und den Industrieländern weltweit kennen. In den Armutsregionen der Welt erfolgt »Sozialversicherung« dadurch, dass man möglichst viele Kinder in die Welt setzt in der Hoffnung, dass darüber Zusatzeinkommen und Altersabsicherung generiert werden können. Solange wir dazu keine Alternative bieten, wird die Explosion der Weltbevölkerung ungebrochen weiter fortschreiten, auch in Form eines rasanten Wachstums der Zahl der Armen. Neue Studien gehen davon aus, dass im Jahr 2100 zwischen zehn und zwölf Milliarden Menschen auf unserem Planeten leben werden. Für Afrika erwartet man dabei ein Wachstum von derzeit 1,1 Milliarden auf mehr als vier Milliarden Menschen. Wir brauchen daher zusätzlich zu einem globalen Mindestlohn ein wirksames System der Arbeitslosigkeits- und Sozialversicherung speziell für die Ärmsten in der Welt plus ausreichend Finanzmittel für die Schaffung einer hinreichenden sozialen Infrastruktur für deren Weg aus der Armut. Die Agenda der 2015 verabschiedeten Global Goals strukturiert die damit verbundenen Aufgaben sehr gut.

Unser Vorschlag, wie eine solche Finanzierung konzipiert und organisiert sein kann, greift einen erfolgreichen Erfahrungswert der EU auf und globalisiert diesen lediglich. Die Mitgliedsländer der EU zahlen ein Prozent ihres BIP in den EU-Topf und finanzieren damit Maßnahmen, die auf die europäischen Bedarfe zugeschnitten sind. Wir schlagen eine 1-prozentige Abgabe aller Länder der Welt auf deren BIP vor, die in einen von den UN verwalteten Global Goals Fund fließen soll. Aus diesem Topf wird vorrangig eine globale Arbeitslosigkeits- und Sozialversicherung für jene Menschen finanziert, die bisher keine solche haben, und zwar in Höhe des absoluten Existenzminimums von 1,25 Dollar am Tag. Des Weiteren werden Mittel für die Finanzierung der Global Goals bereitgestellt.

Dieser Vorschlag liegt auf der Linie der 1996 von Huschmand Sabet und dem Stuttgarter Terra Oneworld Network entwickelten Konzepts einer Terra-Abgabe, die von Lothar Späth im Jahr 1997 als »Einstieg in eine globale soziale Marktwirtschaft« gepriesen und 2003 in das Konzept für einen »Global Marshall Plan« aufgenommen wurde.

Ein solches System ist zugleich eine Befreiung aus dem nachfolgend beschriebenen bisherigen System globaler Sozial- und Entwicklungsfinanzierung, das die Problemlage der ärmsten Länder und Menschen oft nur weiter verschlimmert.

Die Abgabe von 1 Prozent des BIP an den Global Goals Fund entspricht weniger als der Hälfte der globalen Rüstungsausgaben. Diese lagen im Jahr 2015 bei 2,1 Prozent des Welt-Bruttoinlandsprodukts. Die friedensstiftenden Effekte eines globalen Mindestlohns und der Finanzierung und Umsetzung der Global Goals einschließlich einer globalen Arbeitslosigkeits- und Sozialversicherung würden deutlich mehr als eine Halbierung der globalen Rüstungsausgaben ermöglichen. Wenn sich diese Ausgaben in etwa halbieren und stattdessen eine stabile Grundabsicherung der Ärmsten finanziert wird, wird die Welt gleichzeitig sicherer *und* friedlicher.

Eine 1-prozentige Abgabe des Welt-BIP hätte den Global Goals Fund allein in 2015 mit rund 800 Milliarden Dollar gefüllt. Mit 91 Milliarden Dollar hätte für alle ziemlich genau 200 Millionen Arbeitslose der Welt ein tägliches Auskommen von 1,25 Dollar finanziert werden können, was einem Jahressatz von 456 Dollar entspricht. Wenn man den Anteil der Menschen, die einer Sozialabsicherung bedürfen, weil sie über keinerlei Einkommen oder Absicherung verfügen, auf weltweit 500 Millionen Menschen ansetzt, wären auch diese aus dem Global Goals Fund leicht zu finanzieren: Mit einem jährlichen Sozialhilfesatz von 456 Dollar für 500 Millionen Menschen käme man auf 230 Milliarden Dollar.

Somit blieben selbst bei dieser Größenordnung immer noch fast 600 Milliarden Dollar übrig für andere Aufgaben. Unser Vorschlag wäre: 100 Milliarden Dollar sollten weltweit in die Förderung von Social Businesses und Social Innovations fließen, der Rest von rund 500 Milliarden Dollar in die Finanzierung der Global Goals. Die Global Goals wie die Social Businesses und die Social Innovations decken genau jene Ziele, Konzepte und Aktivitäten ab, die zu einer umfassenden und tief greifenden sozialen und ökologischen Wende der gesamten Welt führen. Der hier skizzierte Vorschlag eines Global Goals Fund bedeutet somit – in Ergänzung zur 1-Dollar-Revolution eines globalen Mindestlohns – eine 1-Prozent-Revolution einer im umfassenden Wortsinne nachhaltigen Weltentwicklung.

Ein Sonderziel aus dem Reigen der Global Goals sei hier herausgegriffen und hervorgehoben, um den Segen eines hinlänglichen Finanzierungsrahmens für die Umsetzung der Global Goals in der Form eines Global Goals Fund deutlich zu machen. Die beiden renommierten Demografen Reiner Klingholz und Wolfgang Lutz schließen ihr Werk »Wer überlebt? Bildung entscheidet über die Zukunft der Menschheit« mit der Forderung nach einer »globalen Bildungsallianz«. Deren Ziel sollte sein, die gegenwärtige Finanzierungslücke bei finanzschwachen Ländern zu schließen, sodass deren Schulen ausnahmslos allen Kindern bis einschließlich zur 10. Klasse eine sehr gute Bildung vermitteln können. Welche immensen Effekte dies für die Hebung des Wohlstands in den betroffenen Ländern und für die Bevölkerungskreise hätte, die daran bisher keinen Anteil hatten, wurde an zahlreichen Beispielen im Kapitel »Die globale Potenzialentfaltung« aufgezeigt. Klingholz und Lutz führen zum Finanzbedarf für diese globale Maßnahme an:

»Die für diese neue globale Bildungsrevolution notwendigen Mittel sind geradezu bescheiden: Die Unesco hat kürzlich eine Finanzierungslücke von jährlich 22 Milliarden US-Dollar ermittelt. Diese Summe wäre notwendig, um allen jungen Menschen in den Ländern mit niedrigen und mittleren Einkommen eine qualitativ hochwertige Bildung in der Vorschule, Grundschule und der unteren Sekundarstufe (bis zur 10. Klasse) zu ermöglichen.« Es wäre grob fahrlässig und unsäglich dumm, wenn die Weltgemeinschaft diese Investitionssumme nicht aufbringen würde. Alle bisherigen Erfahrungen mit derartigen Bildungsinvestitionen belegen, dass sich diese zehnfach bis hundertfach refinanzieren.

Sozial- und Entwicklungsfinanzierung heute

Die Weltbank vergibt Kredite an Entwicklungs- und Schwellenländer – derzeit in Höhe von rund 180 Milliarden Dollar –, die zur Finanzierung vor allem von Infrastrukturprojekten eingesetzt werden. Andere Geldgeber wie der Internationale Währungsfonds (IWF) kommen hinzu, wobei ein immer größerer Anteil von IWF-Krediten nicht an Entwicklungsländer fließt, sondern an Schwellen- und in jüngster Zeit auch an Industrieländer in Europa. Reicht das Geld, das heute für die Entwicklungsländer bereitsteht, für die Finanzierung einer Infrastruktur, durch die sie eine aufholende Entwicklung und ein Entrinnen aus dem Teufelskreis der Armut organisieren können?

Ein einfaches Rechenbeispiel macht deutlich, wie weit wir davon entfernt sind. Deutschland hatte 2014 ein Bruttoinlandsprodukt pro Kopf in Höhe von 46 250 Dollar und ein reales Wirtschaftswachstum von 0,4 Prozent. Bei einer Bevölkerung von 80,6 Millionen Menschen entspricht ein 1,5-Prozent-Wachstum einem durchschnittlichen realen Zuwachs von 185 Dollar pro Kopf in jenem Jahr. In Indien mit einer 15fach größeren Bevölkerung von 1,252 Milliarden Menschen lag das Pro-Kopf-BIP im Jahr 2014 bei 1500 Dollar, und das Wirtschaftswachstum bei 7,4 Prozent. 7,4 Prozent Wirtschaftswachstum – immerhin fünfmal höher als das deutsche –, klingt, als wäre Indien auf einem guten Wachstumspfad. Wann wird uns Indien wohl einholen und gar auf die Überholspur wechseln?

Die Realität ist: 7,4 Prozent Wachstum in Indien bringen dem Inder im Schnitt nur ganze 111 Dollar an realem Zuwachs seines Jahreseinkommens. Die Zuwachsrate Indiens müsste sage und schreibe 9fach höher liegen als in Deutschland im Jahr 2014, um auch nur ein einziges Mal auf einen Gleichstand mit den Deutschen beim nominellen Zuwachs zu kommen. Indiens BIP hätte 2014 somit nicht um 4,4 Prozent wachsen müssen, sondern um 12,3 Prozent. Selbst China erreichte in seinen stärksten Wachstumsjahren kein solches Wachstum.

Der Vergleich mit den meisten afrikanischen Ländern fällt noch weitaus drastischer aus. Hier kommen Länder selbst bei Spitzenwachstumszahlen auf gerade einmal ein Fünftel des Realwachstums, das Deutschland mit seinem Wirtschaftswachstum von 1,5 Prozent in 2014 erzielte. Der Real*abstand* pro Bürger wächst also selbst bei einem prozentual um ein Vielfaches höheren Wachstum in Entwicklungsländern zwischen diesen und den Industrieländern weiter munter ins Astronomische. Auch wenn man die unterschiedlichen Lebenshaltungskosten berücksichtigt, bleibt es schleierhaft, wie die heute armen Länder, selbst über mehrere Generationen hinweg, nur halbwegs aufholen können sollten.

Die Antwort auf die Frage, ob die bisherigen Investitionen in Infrastrukturprojekte in Entwicklungs- und Schwellenländern ausreichend sind für eine aufholende Entwicklung, kann nur ein klares Nein sein. So, wie es bisher läuft, wächst vor allem eines: der Abstand, die Kluft zwischen Arm und Reich.

Mechanismen der weiteren Schwächung

Hinzu kommt weiter verschärfend: Für einen Großteil der Finanzmittel, mit denen die Entwicklungsländer den Ausbau einer entwicklungsbeschleunigenden Infrastruktur finanzieren, zahlen sie nicht nur weit höhere Zinsen als die reichen Industrieländer, sie werden zusätzlich weit strikteren Reglementierungen unterworfen, die nicht selten ihre Entscheidungsfähigkeit über die Sinnhaftigkeit von Investitionsentscheidungen stark beschneiden.

Aus der Logik der Finanzwirtschaft ist es nachvollziehbar und durchaus vernünftig, wenn man sagt: Ein wirtschaftsstarker Partner mit hohen Sicherheiten kann Kredite zu wesentlich niedrigeren Zinssätzen erhalten als einer mit fragwürdigen Sicherheiten und fragwürdigen ökonomischen sowie gesellschaftlichen Rahmenbedingungen. Auch ist es sinnvoll, Vorkehrungen gegen schlechte Regierungsführung im Umgang mit erteilten Krediten zu treffen. Doch wenn das Ergebnis immer wieder neue existenzielle Verschuldungskrisen und Schuldenspiralen sind, muss das bisherige System der Bereitstellung von Krediten zur Entwicklungsfinanzierung hinterfragt werden.

Bereits vor 30 Jahren zeigten Studien, dass Entwicklungsländer mit ihrer jeweiligen aktuellen volkswirtschaftlichen Kraft viele Jahrzehnte bis zu mehrere Jahrhunderte brauchen würden, um einmal aufgenommene Schulden vollständig abbezahlen zu können – und bis dahin ein Vielfaches des ursprünglichen Kreditbetrags an Zinsen bezahlen würden. Selbst reduzierte Zinssätze vonseiten der Weltbank haben dieses grundsätzliche Dilemma nur gemildert und keineswegs auch nur ansatzweise aufgehoben.

Internationale Kreditvergaben an wirtschaftsschwache Länder waren ferner zumeist mit Bedingungen verknüpft, die nicht nur vernünftige Governance-Reformen in den Entwicklungsländern einforderten. Oft waren sehr egoistische Interessen der Geberländer mit eingewoben, insbesondere bei IWF-Krediten. Die vom IWF am radikalsten verlangten »Strukturanpassungen« dienten in erster Linie der einseitigen Öffnung der Märkte der Nehmerländer für westliche Unternehmen und Investoren. Und da die Industrieländer nicht bereit waren, ihre eigenen Märkte in gleicher Konsequenz für Produkte aus den Entwicklungsländern zu öffnen, waren deren Entwicklungsperspektiven zusätzlich geschwächt. Das Paradebeispiel ist die Landwirtschaft. Manche landwirtschaftlichen Erzeugnisse aus den Industrieländern werden so stark subventioniert, dass es Entwicklungsländern unmöglich gemacht wird, eigene konkurrierende landwirtschaftliche Produkte in die Industrieländer zu exportieren, wodurch ihre Landwirtschaft zerstört wird. Noch absurder waren Reglementierungen seitens der Geldgeber, die ein Rückfahren der staatlichen Investitionen in Bildung forderten. Zwar ist in jüngerer Zeit ein gewisser Rückgang von derart abenteuerlichen »Finanzierungsbedingungen« zu erkennen, aber noch sind wir weit von auch nur im Ansatz vernünftigen Regeln entfernt.

Was wäre ernsthaft gerecht?

Wenn man der Frage nicht ausweichen wollte, was gerechte Beziehungen zwischen den klassischen Industrie- und den Entwicklungsländern wären, dann müsste man einige weitere sehr kritische und sehr weitreichende Fragen stellen. Eine davon ist die Frage nach einer angemessenen Kompensation für die Kolonialzeit. Eine andere die Frage nach dem »Besitz« des Fortschrittswissens, auf dem die weit davoneilende Entwicklung der Industrieländer maßgeblich aufbaute. Bis in die 1980er-Jahre summierte sich die Anhäufung der fortschrittsrelevanten Patente in den Industrieländern auf knapp unter 100 Prozent. Ist es gerecht, wenn Fortschrittswissen über Patente derart in den Industrieländern konzentriert und nahezu monopolisiert sind? Nie zuvor in der Menschheitsgeschichte hat eine Kultur so etwas wie Patentrechte auf ihr Fortschrittswissen proklamiert und damit den Rest der Menschheit in seiner Entwicklung deutlich auf zumindest zeitlichem Abstand gehalten.

Fragen dieser Art wurden bereits in zahlreichen Publikationen diskutiert. So wichtig und berechtigt sie sind, sollen sie dennoch nicht ins Zentrum dieses Buches rücken. Lediglich ein Aspekt zur Gerechtigkeitsfrage sei hier noch kurz angeschnitten:

In seiner 1991 erschienenen Studie »Die Schuld des Nordens« ging Hafez Sabet der Frage nach, wer wem was schulde. Er suchte dabei zunächst eine Antwort darauf, wie die traditionellen Industrieländer, die damals als der »globale Norden« bezeichnet wurden, »gerechte Austauschbeziehungen« für Waren und Dienstleistungen definieren. Die Antwort ist einfach: Die Industrieländer betrachten genau jene Austauschbeziehungen als »gerecht«, die sie untereinander pflegen. Die davon weit abweichenden Austauschbeziehungen mit Entwicklungsländern definieren somit die »Gerechtigkeitslücke« zwischen dem Norden und dem Süden der Welt. Ungerechte Austauschbeziehungen von Rohstoffen, Waren und Dienstleistungen zwischen Norden und Süden müsste man deshalb in Abzug bringen von den monetären Schulden des Südens.

Mit diesem Ansatz für »gerechte« wirtschaftliche Beziehungen würde sich die globale Schuldendiskussion radikal umkehren: Nicht mehr der Süden würde dem Norden etwas schulden und Zins und Zinseszins zurückzahlen müssen, sondern der Norden würde dem Süden ein Vielfaches schulden.

Zahlreiche international renommierte Vordenker, Ökonomen und Wirtschaftsnobelpreisträger schlossen sich der Argumentation von Sabet uneingeschränkt an. Er wurde, mit 23 Jahren, als jüngster Redner aller Zeiten zum Weltwirtschaftsgipfel nach Davos eingeladen. In den Umwälzungen der Perestroika, die in dieser Zeit die globale Agenda dominierten, gerieten das Thema eines fairen und funktionierenden Nord-Süd-Ausgleichs und die Thesen von Sabet jedoch schnell wieder an den Rand des öffentlichen Interesses.

Auch wenn die Sabet-Studie nicht die Forderung einer Umkehrung des Schuldverhältnisses zwischen Süd und Nord ableiten möchte, so muss eines klar sein: Der Norden hat die Verantwortung, dem Süden ein konkretes und realistisches Angebot zu unterbreiten für dessen

Weg aus der Armutsfalle. Die Industrieländer haben aus einem ganzen Paket an Gründen ein fundamentales Interesse an einer deutlich besser ausbalancierten globalen Entwicklung, nicht nur aus Gründen der weltweiten Friedenssicherung, der ökologischen Nachhaltigkeitsentwicklung, der Eindämmung der Flüchtlingsströme und mehr, sondern auch aus ihrer eigenen ökonomischen Interessenlage. Die Länder des Südens haben ihrerseits kein Interesse an einer nachtragenden historischen Aufrechnung. Auch sie wissen, dass Frieden, Nachhaltigkeit und allseitige Entwicklung unumgängliche Voraussetzungen für ihre weitere Entwicklung sind.

Doch zunächst brauchen wir eine Antwort für einen neuen, hinlänglich wirkungsvollen Hebel, mit dem wir die Rahmenbedingungen für eine ernsthaft aufholende Entwicklung des globalen Südens konkret gestalten können.

»Wohlstand für alle« war das Motto, unter dem einst Ludwig Erhard mit seinem Konzept der sozialen Marktwirtschaft angetreten war. »Wohlstand für alle« bedeutete damals die Einführung einer Marktwirtschaft mit sozialen Sicherungssystemen sowie aufholenden Entwicklungsperspektiven für alle. Soziale Marktwirtschaft bedeutet heute eine *globale* soziale und zusätzlich ökologische Marktwirtschaft.

Wie hierbei der vorgeschlagene Global Goals Fund im Einzelnen gestaltet werden sollte, ist Stoff für weitere Studien und Diskussionen. Wir beschränken uns an dieser Stelle bewusst auf die Skizzierung eines möglichen Ansatzes.

Eine 1-prozentige Global Goals Tax zur Finanzierung der Global Goals einschließlich eines grundlegenden Sozialsystems

Aus grundsätzlichen Erwägungen erscheint es uns sinnvoll, *alle* Bürger der Erde an der Finanzierung des Global Goals Funds zu beteiligen. Es ist wichtig, alle an dem Bewusstsein teilhaben zu lassen, dass sie an der Finanzierung der notwendigen Maßnahmen für eine nachhaltigere, friedlichere, sicherere und gerechtere Welt mitwirken.

Dies kann und darf selbstverständlich nur entsprechend der finanziellen Kraft jedes Einzelnen gestaltet sein. Unser Vorschlag ist die Einführung einer zusätzlichen Konsumsteuer in Höhe von 1 Prozent auf alle Produkte und Dienstleistungen. Ein Empfänger des hier vorgeschlagenen Mindest-Arbeitslosengeldes von 38 Dollar monatlich (das entspricht 456 Dollar jährlich) würde monatlich 0,38 Dollar als Global Goals Tax zahlen. Ein Empfänger eines globalen Mindestlohns von 1 Dollar pro Stunde käme auf eine Global Goals Tax von 1,60 Dollar im Monat, und ein Konsument mit einem Ausgabenvolumen von 10 000 Dollar pro Monat würde 100 Dolar zum Global Goals Fund beitragen.

Die Global Goals Tax von 1 Prozent sollte jeweils separat ausgewiesen werden und grundsätzlich nicht verrechenbar sein. Die monatlichen Einnahmen aus der Global Goals Tax sollten von den Mitgliedsländern der Vereinten Nationen monatlich an den Global Goals Fund abgeführt werden.

Epilog

An die Vereinten Nationen:
Beschließt das Menschenrecht auf Mindestlohn!

Die Menschenrechte gelten zu Recht als eine der wichtigsten Errungenschaften der bisherigen Menschheitsgeschichte. Sie schreiben fundamentale Werte und Rechte fest, auf die sich jeder Mensch in jedem Land der Welt berufen kann. Weshalb werden sie dennoch so oft missachtet und mit Füßen getreten? Brauchen wir weitere, konkreter gefasste Menschenrechte? Oder lediglich wirksamere Instrumente zu deren Umsetzung?

Wir brauchen beides. Über die Sinnhaftigkeit von Strukturen globaler Handlungsfähigkeit in allen Fragen, die globale Werte und Herausforderungen betreffen, haben wir in diesem Buch vieles ausgesagt. Ebenso zu Konzepten, die diese Werte konkret umsetzen. Aber wir benötigen außerdem eine neue Stufe in der Artikulation von Menschenrechten.

Die bisherigen Menschenrechte sind klugerweise eher allgemein gefasst, analog zu den Grundwerten, die uns die Religionen zu allen Zeiten vermittelt haben. Aber auch bei Religionen gibt es, passend zu den Umständen und Herausforderungen der Zeit, in der sie entstanden und einer Kulturblüte den Weg bereiteten, jeweils sehr konkrete Wertfestsetzungen. Eine solche Ebene würde die Wirkung der Instanz der Menschenrechte weiter stärken.

Ja, wir fordern hiermit ein Menschenrecht auf Mindestlohn für alle Menschen auf diesem Planeten! Die Gründe dafür brauchen hier, am Ende dieses Buches, nicht noch einmal ausgebreitet zu werden.

Die bisherigen Menschenrechte sagen deutliche Worte über die Würde des Menschen – aber nichts über ein »Menschenrecht auf Kredit«. Dies ist die Forderung von Muhammad Yunus, dem Friedensnobelpreisträger und Beispielgeber für die Umsetzbarkeit eines solchen Menschenrechts, wie ebenfalls in diesem Buch kurz ausgeführt. Dieses Recht in den Status eines Menschenrechts zu heben, ist schlüssig, weil »credere«, also Kredit, nichts anderes als Vertrauen bedeutet. Ein Recht auf ein Grundvertrauen, auf dessen Grundlage erst elementare Lebensgestaltungschancen und persönliche Freiheiten aufgebaut werden können, ist ein wahrlich unverzichtbares Grundrecht. Dessen praktische Gestaltbarkeit ist längst erwiesen. Also schließen wir uns auch dieser Forderung an.

Die Vereinten Nationen sollten die Initiative in die Hand nehmen, einen weltöffentlichen Diskurs zu eröffnen über die Definition und die Annahme weiterer Menschenrechte dieser neuen, konkreteren Art.

ANHANG

New Deal 21:
Wohlstand für alle – jetzt

Die neue Leitidee und Hoffnungsgeschichte –
Eine Erklärung des Genisis Instituts

Die nachfolgende Erklärung entstand im Frühjahr 2016 als Ergebnis von Analysen des Berliner Genisis Instituts. Ziel dieser Erklärung ist es, ein breites Nachdenken anzustoßen, um gemeinsam eine neue umfassende Leitidee für die Zukunft unserer Gesellschaft zu definieren und zur Anwendung zu bringen, die ein besseres und nachhaltigeres Leben für alle bewirken kann.

Die beiden Kernvorschläge dieses Buches – die Einführung eines globalen Mindestlohns und die Etablierung eines Global Goals Funds – bilden dabei die zentralen Eckpfeiler dieser neuen Leitidee eines neuen Wohlstands für alle.

Ohne Leitidee kann keine Gesellschaft bestehen

»Je mehr Freiheit wir unseren Eliten zugestehen, desto mehr Wohlstand werden sie für uns alle schaffen.« Dieser merkwürdigen Hoffnungsgeschichte vertrauten viele eine ganze Generation lang. Das Ergebnis war: Wohlstandskonzentration bei wenigen statt Wohlstand für alle. Knüpfen

wir an die bisher erfolgreichste Hoffnungsgeschichte an und schreiben wir sie nunmehr fertig: *Wohlstand für alle – jetzt!* Auf neuem Weg und völlig neuem Niveau.

Ohne eine Leitidee, eine Hoffnungsgeschichte kann keine Gesellschaft bestehen. Dies wussten die Philosophen aller Zeiten und aller Kulturen. »Hoffnung ist die Voraussetzung für Veränderung sowie für jeglichen Fortschritt im Sinne der Verbesserung eines gegenwärtigen Zustands«, heißt es im Brockhaus. Hoffnungsgeschichten unterliegen dem Wandel, wie alles im Leben. Sie reagieren auf Herausforderungen und neue Möglichkeiten. Manche erweisen sich als klug, andere als zweischneidig und wieder andere als Katastrophen. Letztlich hängt es von uns ab, welche sich jeweils durchsetzt.

Ludwig Erhards »Wohlstand für alle« brachte den Einstieg in eine soziale Marktwirtschaft mit einem bis dahin nicht gekannten sozialen und wirtschaftlichen Aufstieg einer ganzen Gesellschaft und mit Ausstrahlung auf einen ganzen Kontinent. Der Ökobewegung gelang es, dieses Konzept in Richtung einer öko-sozialen Marktwirtschaft weiterzuentwickeln. Doch mit dem Ende des Kommunismus feierte sich ein »freier« Kapitalismus als die nächste Hoffnungsansage. Wirtschaftselitäre »Masters of the Universe« versprachen unsäglichen materiellen Reichtum, vergaßen aber zu sagen, dass sie dabei vor allem sich selbst meinten – bis 62 Menschen so viel besaßen wie die Hälfte der Menschheit. Die neue Elitenorientierung verschärfte die soziale Kluft inzwischen bis tief in die traditionellen Wohlstandsländer hinein.

Wer entscheidet die neue Leitidee und Hoffnungsgeschichte?
Immer wenn eine Hoffnungsgeschichte – aus welchem Grund auch immer – an das Ende ihrer Wirksamkeit gelangt, ist die Zeit für eine neue Leitidee. Welche neue Hoffnungsgeschichte folgt nun und setzt sich durch?

Nach dem Irrweg und den Schrecken des »tausendjährigen Reichs« war es in Deutschland Erhards »Wohlstand für alle«, nach dem Zusammenbruch des Kommunismus der Neoliberalismus. Beides war nicht zwangsläufig, Morgenthau schwebte ein Agrar-Deutschland vor, Michail Gorbatschow die globale Perestroika eines dritten Weges jenseits von Kommunismus und Kapitalismus. Die Frage, was auf den Hoffnungsverlust des Neoliberalismus folgt, ist völlig offen. Neonationalismus? Neoautoritarismus?

Zukunftsentscheidend ist also auch diesmal: Wie klug, transparent, engagiert und konsequent führen wir die Diskussion um die Füllung der Leerstelle der Hoffnungsgeschichte für die kommenden Jahrzehnte? Überlassen wir diese epochebestimmende Aufgabe erneut Eliten – selbst ernannten oder auch demokratisch legitimierten –, wird das Ergebnis mit hoher Wahrscheinlichkeit weit hinter den Möglichkeiten bleiben. Übernehmen diesmal *wir* – die weltweite offene Zivilgesellschaft – diese Verantwortung selbst. Die gute Nachricht: Verblüffend viele arbeiten bereits an der anderen und unvergleichlich attraktiveren Hoffnungsgeschichte eines »Wohlstands für alle – jetzt«. Nehmen wir die Diskussion um unsere Zukunft in unsere Hände. Jetzt.

Alle Menschen mitnehmen

Es macht Sinn, die neue Leitidee an die letzte besonders erfolgreiche Hoffnungsgeschichte eines »Wohlstands für alle« anzuknüpfen – und diese auf den Stand der heutigen Möglichkeiten und Herausforderungen zu bringen. Der Kerngedanke war damals, allen Menschen gute Einkommensentwicklungen und Aufstiegschancen zu sichern, heute bezeichnet man dies als soziale Inklusion. Inzwischen weisen immer mehr Studien selbst von klassischen Wirtschaftsinstituten, von Einrichtungen wie der OECD und sogar von klassischen Finanzinstitutionen darauf hin, dass die immer weitere Öffnung der Schere zwischen Arm und Reich in den westlichen Gesellschaften nicht nur zu immer größeren sozialen Problemen und Vertrauensverlust in gesellschaftliche sowie politische Institutionen führt, sondern auch der wirtschaftlichen Entwicklung schweren Schaden zufügt. So beispielsweise jüngst die Studie »Verteilungskampf« von DIW-Chef Marcel Fratzscher.

Soziale Inklusion, die Mitnahme *aller* Menschen bei *allen* relevanten Entwicklungen, kann heute jedoch nicht mehr gelingen, wenn sie nur auf die nationale Ebene und auch nicht, wenn sie auf die europäische Ebene fokussiert bleibt. Sie muss global gedacht und gestaltet werden, wenn sie funktionieren soll, denn in dieser Welt sind Chancen, Herausforderungen und Folgewirkungen von allem und für alle längst auf das Engste global miteinander verknüpft. Das bedeutet aber im Umkehrschluss auch: Maßnahmen zu einer gelingenden sozialen Inklusion weltweit werden sich als das bestmögliche Programm zur Beseitigung der Ursachen zahlreicher Problemlagen in der Welt *und* als das bestmögliche weltweite Wirtschaftsförderprogramm erweisen.

Die Global Goals, die Entwicklungsziele der Vereinten Nationen für die Zeit von heute bis 2030, sind für diese Aufgabe das bisher ambitionierteste Programm im Sinne von sozialer Inklusion und der Förderung von »Wohlstand für alle« – nunmehr offensiv in globaler Dimension. Der große Charme und Vorteil der Global Goals ist, dass sie von der Staatengemeinschaft im September 2015 bereits einstimmig verabschiedet wurden.

Gleichzeitig muss der Wohlstandsbegriff, der zu Ludwig Erhards Zeiten nach dem Zweiten Weltkrieg verständlicherweise noch sehr auf materiellen Wohlstandszuwachs und staatlich-soziale Rahmensetzungen ausgerichtet war, heute in einem weit umfassenderen Sinne verstanden und ausgestaltet werden. Wir sprechen hier einige zentrale Definitionsdimensionen von Wohlstand an, die jedoch in einem offenen Diskussionsprozess ergänzt und fortlaufend weiterentwickelt werden sollen. Alle diese Wohlstandsdimensionen sind auch bereits in den Global Goals angesprochen, wenn auch noch nicht in der Form einer großen neuen Leitidee und Hoffnungsgeschichte für eine höchst motivierende gemeinsame Gestaltung der Zukunft durch alle individuellen und institutionellen Akteure auf diesem nicht länger teilbaren Planeten.

Diese erste Erklärung soll den Startpunkt setzen für eine Initiative zur Entwicklung und Etablierung der Leitidee »Wohlstand für alle – jetzt«, »Prosperity for all – now«.

Alle Potenziale entfalten – die neuen Wohlstandsdimensionen

»Wohlstand für alle – jetzt« erschließt das Verständnis von vielen weiteren, das Individuum wie alle Gemeinschaften atemberaubend bereichernden Wohlstandsdimensionen weit jenseits materiellen Wohlstands. Die bisher dominierende Dimension materiellen Wohlstands wird einerseits durch zahlreiche zusätzliche Wohlstandsdimensionen deutlich relativiert und verändert. Andererseits trägt die offensive Entfaltung jeder der angesprochenen anderen Wohlstandsdimensionen dazu bei, dass sich *alle* Wohlstandsdimensionen noch sehr viel besser und stärker entwickeln können und werden. Trotz der Relativierung materiellen Wohlstands wird sich gerade *durch* die anderen Wohlstandsdimensionen somit *auch* der materielle Wohlstand noch deutlich besser entwickeln als je zuvor.

Sicher wird jedoch Wohlstand insgesamt neuen, ganzheitlicheren Zielen dienen. Viele der heutigen Wirtschaftszweige, die von nicht haltbaren Wohlstandsversprechen durch *rein materielle* »Lösungen« leben, werden sich grundlegend verändern müssen oder teilweise auch ganz verschwinden. Dafür werden andere Produkte und Dienstleistungen entstehen, die sich als Ergänzungen und Diener im Konzert mit den anderen, nicht-materiellen Wohlstandsdimensionen erfinden.

Die Orientierung auf die nachfolgend angesprochenen Wohlstandsdimensionen als Grundlagen für die neue Hoffnungsgeschichte für die nächsten Dekaden wird das Leben jedes Menschen in einem Ausmaß verbessern, wie wir uns das heute noch gar nicht recht vorstellen können. Für jede dieser Dimensionen gibt es jedoch heute schon derart beeindruckende und inspirierende Beispiele an vielen Orten der Welt und in allen Lebensbereichen. Zu den neuen Wohlstandsdimensionen unserer Zukunft zählen:

- **Mindestwohlstand**: Eine bestimmte Lohnuntergrenze darf nirgendwo mehr in der Welt unterschritten werden. Hier ist die wichtigste Maßnahme die Einführung eines globalen Mindestlohns, der der faktischen milliardenfachen Lohnsklaverei ein Ende bereitet – und den Entwicklungspotenzialen dieser Milliarden Menschen den notwendigen Entfaltungsfreiraum gibt.
- **Sozialer Wohlstand**: Die Global Goals definieren alle wichtigen Ziele, die heute für eine gute soziale Entwicklung in *allen* Ländern der Welt erreicht werden müssen. Die entscheidende Frage ist: Wie wollen, wie können wir diese finanzieren? Wir schlagen hierfür einen Global Goals Fund vor, der mit 1 Prozent des Bruttoinlandsprodukts aller Länder finanziert wird (analog zu dem Modell, wie alle EU-Projekte finanziert werden). Damit lässt sich ein wirksames grundlegendes weltweites Sozialsystem finanzieren, die Umsetzung vieler kreativer neuer sozialer und ökologischer Innovationen, eine globale Bildung und alle notwendigen Umstellungen auf eine nachhaltige Wirtschaft.
- **Bildungswohlstand**: Jedes Land, das frühzeitig und besonders offensiv in Bildung investiert hat, konnte sich weitaus schneller, breiter und nachhaltiger entwickeln als andere: Finnland wurde in kurzer Zeit von einem der ärmsten zu einem der wohlhabends-

ten Länder, ebenso Malaysia, Singapur, Mauritius. China hat mehr als 400 Millionen Menschen in einer Generation aus der Armut befreit. Unicef stellte in einer neuen Studie fest, dass lediglich 22 Milliarden Dollar im Jahr erforderlich sind, um für *alle* Kinder der Welt eine sehr gute Bildung bis zur 10. Klasse sicherstellen zu können. Wir schlagen daher eine globale Bildungsallianz vor, die die Bereitstellung dieser Gelder in kürzester Zeit organisiert. Durch die neuen Möglichkeiten der Nutzung digitaler Bildung und durch viele weitere Bildungsinnovationen für die Vermittlung von den heute wichtigsten Kompetenzen, den sozialen und lebensunternehmerischen Kompetenzen, ist die Verwirklichung einer globalen Bildungsrevolution mit einer globalen Potenzialentfaltung ein sehr realistisches Ziel.

- **Ökosystemwohlstand**: Ohne funktionierende Ökosysteme verliert jede menschliche Gesellschaft schlicht ihre Existenzgrundlage. Darüber hinaus entdecken Forscher immer mehr, welche unbeschreiblichen Vorlagen an Energienutzung, Ressourceneffizienz und vielem mehr für einen nachhaltigen Wohlstand die Natur liefert. Die Natur ist Innovator Nummer eins, weshalb Ökosystemwohlstand viel mehr ist als ein Leben in einer intakten Umwelt. Diese Wohlstandsdimension muss noch viel weiter Teil des allgemeinen öffentlichen Bewusstseins werden.
- **Gemeinwohlstand**: Mit »Gemeinwohlstand« ist jener Wohlstand gemeint, der aus einer neuen Qualität von Gemeinwohlorientierung entsteht. Neue Studien belegen: Fast 90 Prozent der Menschen wünschen sich ein Ende der heutigen Ego-Kultur und eine Wende zu

einer neuen Gemeinwohl-Kultur. Ferner: Ein rasant schnell wachsender Teil der Nachwuchs-Innovatoren versteht sich als »Innovatoren für Gemeinwohl-Ziele«. Und selbst drei Viertel der Führungskräfte in der Wirtschaft haben zumindest verstanden, dass sich ihre Unternehmen radikal in Richtung mehr Gemeinwohl-Orientierung transformieren müssen, um überleben zu können. Die damit verknüpften Trends von Open Source, Open Innovation, Open Learning, Social Business, Sharing Economy, Co-Creation, Co-Working etc. werden die Zukunft der Unternehmen bestimmen. Wir schlagen als eine Maßnahme in diesem Sinne vor, dass alle Unternehmen neben ihrer rein wirtschaftlichen Bilanz auch eine Gemeinwohl-Bilanz vorlegen müssen.

- **Vernetzungswohlstand**: Die digitalen Gestaltungsmöglichkeiten eröffnen uns – richtig eingesetzt – sehr viele neue Wohlstandsdimensionen. Ihr Kern ist die Vernetzung, weshalb wir diese als »Vernetzungswohlstand« zusammenfassen. Erstmals ist es möglich, dass *alle* Menschen dieses Planeten miteinander in Kommunikation treten und miteinander lernen und arbeiten können. Sie bilden zusammen ein gigantisches Weltgehirn, und jeder kann dieses für die eigene und für endlos viele kollaborative Entwicklungen nutzen. Das Weltwissen wird jedem Menschen in fast täglich besserer Aufbereitung zugänglich. Reines Wissenslernen kann dadurch erheblich schneller, universeller, individueller, nachhaltiger und kostengünstiger erfolgen – und viel Zeit für Anwendungs- und soziales Lernen wird frei. Eine neue Qualität von lokal bis global vernetzten Arbeitsteams wird möglich, ebenso eine tief greifende Dematerialisierung bei vielen Produktionsprozessen sowie erhebliche Erleichterungen für individuelle und kollektive Gründungen von Unternehmen, insbesondere auch von digital organisierten Genossenschaften wie beispielsweise neuen Energiegenossenschaften. Die digitale Welt zwingt uns alle zu radikalem Umdenken. Daher sollten wir alle sehr aktiv und offensiv mitdenken, wie die neuen Möglichkeiten des Vernetzungswohlstands so organisiert werden, dass sie nicht zu noch mehr Machtkonzentrationen führen, sondern zum Empowerment aller sowie auch zur finanziellen Teilhabe aller am Wert kollektiv generierter Informationen.

- **Lebensgestaltungswohlstand**: Eng verbunden mit dem Vernetzungswohlstand ist eine weitere Wohlstandsdimension, die man als Lebensgestaltungswohlstand bezeichnen kann. Joseph Beuys provozierte mit seiner These, dass jeder Mensch ein kreationskräftiger Künstler sei, Günter Faltin mit der Behauptung, dass heute jeder zum erfolgreichen Unternehmer werden kann, und David Kelley und Ulrich Weinberg mit der Aussage, dass jeder lernen kann, sogar zum lebenslänglich kreativen Innovator in Teams zu werden. Welche neuen unentdeckten Entwicklungs- und Wohlstandsperspektiven stecken nicht nur in Minderheiten, sondern in jedem Menschen? Wir schlagen die Entwicklung eines völlig neuen Curriculums und völlig neuer Lernkonzepte vor, in deren Zentrum kreative, unternehmerische, innovationsgenerierende und viele weitere zentrale *Lebensgestaltungskompetenzen* stehen und vermittelt werden.

- **Demokratiewohlstand**: Den Kern des hier skizzierten Demokratiewohlstands bildet eine tief greifend neue Qualität der Partizipation, weshalb man diesen auch als *Partizipationswohlstand* bezeichnen könnte. Das bisher dominierende Delegationsprinzip durch Wahlen in größeren Zeitabständen bedarf einer grundlegenden Ergänzung durch viele weitere Formen der aktiven und permanenten Mitwirkung und Mitgestaltung von engagierten Bürgern. Staatliche Verwaltungen müssen sich viel stärker für ergebnisoffene Runde Tische und Abstimmungen mit einer mündigen Zivilgesellschaft öffnen. Ein solcher Demokratiewohlstand trägt zu erheblich mehr Gestalt gebendem Engagement bei sowie zu besseren Ergebnissen. Aber auch die Wirtschaft muss sich sehr grundlegend in Richtung »demokratische Unternehmen« weiterentwickeln, konkret in Richtung flachere Hierarchien, mehr Diversität, mehr Mitentscheidung bei grundlegenden Unternehmensstrategien oder auch mehr Einfluss von Kunden auf die Entwicklung von neuen Produkten. Zukunftsentscheidend für die Lösung der zahllosen globalen Herausforderungen wird ferner sein, dass eine völlig neue Qualität von Demokratie auf globaler Entscheidungsebene geschaffen wird. In diesem Sinne empfehlen wir als einen Schritt die Etablierung eines demokratisch gewählten Weltparlaments bei den Vereinten Nationen mit rasch wachsenden Entscheidungskompetenzen.
- **Wertewohlstand**: Die Grundlage von allem ist das Ethos, mit dem wir unser Leben gestalten, die Werte, die uns leiten, die Haltung, die sie zu gelebtem Leben

werden lassen. Ethos ist der Kern von Ethik, der Kern von Religion, der Kern dessen, was die menschliche Gemeinschaft jenseits aller Vielfalt zusammenhält. Ethos ist somit grundsätzlich Weltethos. Bereits Sokrates wies es zurück, dass er eine begrenzte Identität unterhalb der Ebene der Menschheit habe. Er fühlte, dachte und handelte in der Identität und mit dem Ethos eines Weltbürgers. Dieses Verständnis von Weltethos ist schlicht die zukunftsentscheidende Zivilisationsaufgabe im Zeitalter der Globalisierung aller Lebensbereiche. Eine Identität, eine Haltung, ein Ethos, das sich nicht auf das Wohl aller, also letztlich auf das Wohl der Menschheit als Ganzes ausrichtet, verrät die Unteilbarkeit und damit den Sinn von Werten. Ohne das Verständnis eines Weltethos bricht die Weltgemeinschaft auseinander und mutieren Wirtschaft, Politik und jeglicher andere Bereich menschlichen Lebens zu Schlachtfeldern von Partikularinteressen. Ethos in Wirtschaft und Politik bedeuten heute im Kern: Transformation von Economy zu einer WEconomy und von Policy zu einer WEpolicy. Wertewohlstand bedeutet ferner auf der persönlichen und zwischenmenschlichen Ebene die Entwicklung der eigenen WeQuality, der Beziehungskultur von Wertschätzung, Begleitung, Ermutigung, Vertrauen, Gastfreundschaft, Offenheit, Teamgeist und vielem mehr. Wir empfehlen daher, Beziehungslernen im Sinne von WeQ-Weiterentwicklung in allen unseren Bildungseinrichtungen und allen Phasen lebenslangen Lernens zu verankern.

Links

prosperityforall-now.org
madeforoneworld.org
genisis-institute.org
WeQ.works
visionsummit.org
globalmarshallplan.org
senat-der-wirtschaft.de

Die Autoren

Dipl.-Ing. Georgios Zervas, geb. 1956, studierte an der Universität Stuttgart Ingenieurwissenschaften und entwickelte die Idee eines globalen Mindestlohns. Er ist selbstständiger Unternehmensberater mit Erfahrung im Internationalen Welthandel und hat an zahlreichen sozialen Projekten mitgewirkt, unter anderem in Indien und Afrika. 2007 wurde er für sein Global Fair Trade Konzept neben Muhammad Yunus mit dem Vision Award ausgezeichnet. 2008 erschien im Patmos Verlag sein Buch »Global Fair Trade. Transparenz im Welthandel«, in dem er dieses Konzept ausführlich darlegte. Georgios Zervas ist verheiratet, hat drei Kinder und lebt in Stuttgart.

Peter Spiegel, geb. 1953, studierte Soziologie an der Universität Regensburg und entdeckte unter anderem den Megatrend WeQ. Er ist Zukunftsforscher, Gründer und Leiter des Genisis Institute for Social Innovation and Impact Strategies, Initiator und Leiter des Vision Summit und des EduAction Bildungsgipfels, Initiator und Mitgründer der WeQ Foundation, Direktor Social Innovation beim Senat der Wirtschaft Deutschland und Autor und Herausgeber von mehr als 25 Büchern. Von

2002 bis 2005 war er Generalsekretär des Club of Budapest International. Peter Spiegel ist verheiratet, hat drei Kinder und lebt in Berlin.

Textnachweis

S. 42 f. © Franz Josef Radermacher, *Globale Entwicklungsagenden, Nachhaltigkeit, Zukunft – Navigieren in schwierigem Gelände,* in: Petra Bruns (Hrsg.), Die Post-2015-Agenda für nachhaltige Entwicklung, Nomos 2015.

S. 89 und S. 91 f. © Jeremy Rifkin, Die Null-Grenzkosten-Gesellschaft. Das Internet der Dinge, kollaboratives Gemeingut und der Rückzug des Kapitalismus, Campus 2014.

S. 169 f. © Gunter Pauli, The Blue Economy: 10 Jahre – 100 Innovationen – 100 Millionen Jobs, Konvergenta 2012.

S. 186 f. und S. 192 © Jeremy Rifkin, Der Europäische Traum. Die Vision einer leisen Supermacht, Campus 2004.

S. 188 f. und S. 190 ff. © Mark Leonard, Warum Europa die Zukunft gehört, DTV 2007.

S. 223 © Reiner Klingholz/Wolfgang Lutz, Wer überlebt? Bildung entscheidet über die Zukunft der Menschheit, Campus 2016.

Wir sind besser als wir glauben

Michael Schmidt-Salomon

Hoffnung Mensch

Eine bessere Welt ist möglich

Piper, 368 Seiten

€ 19,99 [D], € 20,60 [A]*

ISBN 978-3-492-05608-3

Ist der Mensch tatsächlich nur ein »fataler Irrläufer der Natur«, um den es nicht schade wäre, würde er von der Erde verschwinden? Nein, sagt Philosoph und Bestsellerautor Michael Schmidt-Salomon: Denn die biologische und kulturelle Entwicklung unserer Spezies zeigt, dass wir das Potenzial haben, immer besser, immer »humaner« zu werden. Ein beeindruckendes, augenöffnendes Plädoyer für den Glauben an die Menschheit.

PIPER

Leseproben, E-Books und mehr unter www.piper.de